温州大典

歷代古籍編

經部

影鈔元刊本六書故

〔宋〕戴侗撰

第一册

中華書局

圖書在版編目(CIP)數據

影鈔元刊本六書故/(宋)戴侗撰. —北京:中華書局,2025.
1. —(温州大典). —ISBN 978-7-101-16760-3

Ⅰ. H122

中國國家版本館 CIP 數據核字第 2024LH1287 號

責任編輯: 葛洪春
文字編輯: 楊延哲
裝幀設計: 劉　麗
責任印製: 陳麗娜

温州大典 · 歷代古籍編
影鈔元刊本六書故
(全六册)
〔宋〕戴　侗 撰
*
中 華 書 局 出 版 發 行
(北京市豐臺區太平橋西里 38 號　100073)
http://www.zhbc.com.cn
E-mail:zhbc@zhbc.com.cn
天津裕同印刷有限公司印刷
*
880×1230 毫米 1/16 · 206¼印張 · 12 插頁
2025 年 1 月第 1 版　　2025 年 1 月第 1 次印刷
定價:2480.00 元

ISBN 978-7-101-16760-3

《温州大典》工作委員會

主　　任　張振豐

第一副主任　張文傑

副 主 任　施艾珠　陳應許　王彩蓮

委　　員　市委辦公室、市政府辦公室、市委宣傳部、市委政研室、市委編辦、市委黨史研究室、市檔案館、市人大常委會教科文衛工委、市發展改革委、市經信局、市教育局、市民宗局、市民政局、市財政局、市自然資源和規劃局、市住建局、市水利局、市農業農村局、市文化廣電旅遊局、市大數據發展管理局、市政協文化文史和學習委、市文聯、市社科聯、温州大學主要負責人，各縣（市、區）委宣傳部部長

辦公室

主　　任　施艾珠（兼）

常務副主任　朱啓來

副 主 任　曾　偉　馬知遥　葉雪影

《温州大典》學術委員會

主　任　項　楚　金柏東

顧　問（按姓氏筆劃排序）

朱則傑　吴松弟　沈克成　周振鶴　馬忠文

陳增傑　張立文　張如元　張志清　張炳勳

黄顯功　黄靈庚　葉長海　潘悟雲　錢志熙

委　員（按姓氏筆劃排序）

王　宇　方韶毅　李新德　沈　迦　俞爲民

洪振寧　高啓新　陳光熙　陳瑞贊　張　侃

張　索　張聲和　黄瑞庚　葉　建　諸葛憶兵

潘猛補　盧禮陽

《温州大典》編纂委員會

《温州大典》歷代古籍編編纂人員

主　編　洪振寧　潘猛補

編　委　陳增傑　張如元　俞爲民　侯榮川　陳瑞贊
陳瑾淵　謝作拳　趙　丹　王　妍　王　昉

出版説明

温州是國家歷史文化名城，具有鮮明的區域文化特色。特别是宋代以後，人文鼎盛，人才輩出，所創造的文化典籍，成爲中華民族乃至人類文明的寶貴財富。

近代以來，温州鄉邦文獻經過幾次比較系統的整理，先後刊刻出版《永嘉叢書》《永嘉詩人祠堂叢刻》《敬鄉樓叢書》等地方文獻集成，加之永嘉區徵輯鄉先哲遺著委員會徵集抄繕鄉賢著作，温州文脈得以傳承和發揚。進入二十一世紀，《温州文獻叢書》《温州文獻叢刊》《温州市圖書館藏日記稿鈔本叢刊》以及樂清、蒼南、平陽、龍灣、瑞安、甌海等縣（市、區）的歷史文獻叢書陸續出版發行，温州地方文化的影響持續擴大。在此基礎上，二〇二一年十二月，温州市委、市政府啓動《温州大典》研究編纂工程。

《温州大典》是新時代文化温州建設的基礎性工程，也是浙江文化研究工程的重要組成部分，已被列爲浙江文化研究工程省市共建項目。《大典》收録歷代温州人（含寓賢）的著述、有關温州歷史文化的著述以及温州地區的出版物等，以一九四九年爲時間下限，以目前温州市的行政區域爲範圍，部分特殊文獻可適當放寬收録標準。《大典》以「梳理千年文脈，把握文化特質，感悟發展脈絡，增强海内外全體温州人的文化認同、情感互動和精神共鳴」爲宗旨，分七編集中呈現：

（一）歷代古籍編：搜集彙編温州歷代名著，按經、史、子、集、叢分類編排，力求再現各個時代温州文獻的原始面貌，使珍稀的孤本、善本化身千百。

（二）晚近書刊編：收録晚清民國時期出版的温州人著述、有關温州的著述，以及温州出版發行有一定影響和價值的報紙、期刊等，展示温州人在中國現代化進程中的社會面相及其在文化建設上取得的成果。

（三）文物圖像編：收録海内外藏重要温州文物（包括書法、繪畫、金石、雕塑、工藝品等）的圖像資料，呈現温州各個時代在物質文化方面的成就。

（四）檔案史料編：收録海内外公藏機構有關温州政治、社會、經濟、文化等方面的檔案，進行主題化整理，以系統保存温州歷史發展過程的細節。

（五）民間遺存編：選編温州民間現存珍稀族譜以及各類特色文書、宗教科儀書、唱本、日用雜書等文獻，以反映温州民間文化的多元性。

（六）要籍選刊編：選取歷代温州典籍中有代表性的，在中外學術史、文化史上産生重要影響的經典作品，進行深度整理。

（七）專題研究編：按照不同專題，組織專家學者對温州歷史文化的各個方面進行深入研究，以現代語言闡述温州歷史文化的深厚内涵。

歷代古籍、晚近書刊二編屬於基礎文獻，以影印方式出版；文物圖像、檔案史料、民間遺存三編爲彙編文獻，以影印方式爲主出版；要籍選刊、專題研究二編爲研究成果，以點校、論著等方式出版。同步進行數字化，建立《温州大典》數字典藏中心，方便廣大讀者查詢利用。

《温州大典》以兼具科學性、系統性、學術性、實用性、普及性爲目標，努力成爲新編地方文獻叢書的典範，成爲具有温州辨識度的標誌性文化成果。

《温州大典》編纂委員會

《温州大典·歷代古籍編》經部出版説明

經部系列收録《禮》類、《易》類、《書》類、《詩》類、《春秋》類、四書類、小學類等古籍著作七十餘部，爲《温州大典·歷代古籍編》的第一部分。小學類收録字書、韻書，論筆法者另編入子部。除温州學人著作外，亦酌收旅寓或宦遊諸賢之作。

經學，是古代中國文化的基礎。對傳統讀書人而言，經書代表修齊治平的根本之道。經學始於漢，宋代爲其重要的轉變期。温州經學即於此轉變期内孕育成熟，而以南宋永嘉學派成就最高。永嘉學派學者治經學，以「三禮」、《春秋》、《尚書》爲重點，貫穿着「經世致用」的主題，具有鮮明的學術品格與地方特色。數百年來，這一學術品格與地方特色不斷得以延續，形成了地域性傳統，成爲這個地方的「思想氣候」與「文化土壤」。

「禮」在古代，最廣義的用法是指一切制度規範。《禮》爲經世之大經，其作用是治理，落實到個人爲修身，延展到家族爲齊家，推之於國則爲治國、平天下。四庫館臣所謂「古聖王經世之道，莫切於禮」。永嘉學派學者「以經制言事功」，他們探究典章制度，大多從《周禮》、《禮記》等制度性資源中抉發「治」的精髓，爲當時的政治提供借鑒。對「禮」這一中國傳統文化核心思想的探討，温州學者用功頗鉅，成果亦豐。宋代温州學人的《禮》學著作，頗能代表宋代《禮》學的成就：王與之的《東巖周禮訂義》搜羅宏富，是宋代完整流傳至今的唯一一部集解體《周禮》學著作；鄭伯謙的《太平經國之書》有「會計」篇，專門研究周代會計制度，被譽爲我國古代第一部會計學著作；張淳的《儀禮識誤》開宋代全面校勘《儀禮》之先河。不僅如此，宋代温州的

《禮》學傳統延續至清代，出現了兩部集大成的巨著——《禮記集解》與《周禮正義》。孫希旦的《禮記集解》從義理詮釋《禮記》，代表了清代同類著作的水平。孫詒讓的《周禮正義》，被梁啓超譽爲「清代新疏之冠」。在《周禮》研究的基礎上，孫詒讓又撰寫了《周禮政要》，在晚清新政開始實施時提出一系列變法建議和改革思路，將温州經學「經世致用」的精神推向極致。

《春秋》、《尚書》記事記言，與《禮》經同樣具有實際踐行的意義，符合永嘉學派注重事功的特點，因而也備受青睞。在獨特學術取向的觀照下，温州學者的《易》、《詩》及四書類著述也能別開生面，尤其是小學類著作，極富創造性，往往能引領一時之風氣。元代温州塾師盧以緯的《語助》（又名《助語辭》）是中國第一部研究漢語虚詞的專著。清末孫詒讓的《契文舉例》，是我國最早研究甲骨文的專著；《名原》一書以甲骨文考證古文字，提出方法，創立體例，開闢了古文字學研究的新途徑，推動了古文字學的創立，學者因此稱孫詒讓是用科學手段研究古文字的第一人。

經部書系集中體現了古代温州學者的務實學風，有力見證了温州人精神的歷史根脈，突出彰顯了温州文化的地域特色，充分揭示了歷代温州學人對中國學術文化發展所作出的業績與貢獻。書系所用底本力求精善，其中宋刻本有二部，列入國家珍貴古籍名録的有十五部，列入浙江省珍貴古籍名録的有四部。對於慷慨提供珍貴底本的國内外各收藏單位，我們深表感謝！明代樂清學者侯廷訓等所撰《六禮纂要》六卷，吉林大學圖書館藏有嘉靖四年（一五二五）薛祖學刻本，列入第三批國家珍貴古籍名録，《温州大典》編輯部爲獲取該書底本多方努力，却終未如願，有待將來彌補。經部著作提要文稿均經主編或約請專家審定修改，敬請讀者批評教正。

《温州大典》編纂委員會

《影鈔元刊本六書故》提要

《六書故》三十三卷《六書通釋》一卷，宋戴侗撰，影鈔元刊本。版框高二十四釐米，寬十五・八釐米。每半葉七行，分上下兩欄，上欄高二・四釐米，爲真書字頭，行一字；下欄高二十一・六釐米，行十七字，雙行小字同。上下白口，左右雙邊，雙順黑魚尾。

戴侗（約一二〇〇—約一二八五），字仲達，浙江永嘉合溪人。據明凌迪知《古今萬姓統譜》卷九十九載：戴侗於南宋淳祐元年（一二四一）中進士，後由國子監簿守台州。德祐初，由秘書郎遷軍器少監，「辭疾不起，年逾八十卒。有《〈易〉〈書〉〈四書〉家説》、《六書故》内外篇」。

是書之成，淵源有自。虞集《六書存古辨誤韻譜序》謂此書爲「戴氏父子三世所著」。戴侗自序：「先人既以是教於家，且將因許氏之遺文，訂其得失，以傳於家塾，而不果成。小子懼先志之墜，爰摭舊聞，輯成三十三卷，通釋一卷。」證明此書由其父戴蒙草創。戴氏父子昆弟，自爲師友。戴侗之父、伯、舅等均精研六書訓詁之學。書中所引「伯氏曰」「舅氏曰」「季曰」「外王父」之説甚夥。可以認爲此書爲戴氏家人合力著成。

本書成書後并未立即梓行。元延祐戊午（一三一八），趙鳳儀任温州郡守。侗孫戴夆出示家藏。趙於次年捐奉廩鋟版。此是該書最初版本。該版本存世僅有兩種殘本，其一存十二卷：卷一至三、卷六、卷十六、卷二十一、卷二十四、卷二十七、卷二十八、卷三十一至三十三；其二存十卷：卷六、卷十四、卷十五、卷

十七、卷十八、卷二十、卷二十二、卷二十三、卷二十五、卷二十六。第一種綫裝，藏中國國家圖書館。第二種蝴蝶裝，藏臺北故宫博物院。兩種殘本版式相同。版心上鎸字數，下鎸刻工姓名，每卷末鎸「孫夆謹校」。

其餘流傳於世的版本大致有如下幾種：

一、毛氏汲古閣影元鈔本，即本次影印底本。藏於温州市圖書館。二〇一三年七月被列入第一批浙江省珍貴古籍名録，編號〇〇〇一九。鈐有「汲古主人」、「子晉」印，原係永嘉黄氏敬鄉樓藏書。據比對，該本行款與元刻殘本高度一致。二、明萬曆三十六年（一六〇八）張萱湝墅重刻本。廣東省中山圖書館、吉林省圖書館、臺北故宫博物院有藏。三、明張弘德刻本。日本公文書館有藏。四、四庫全書本。五、清乾隆四十九年（一七八四）李鼎元重刻本。李本目前流傳最廣。二〇一二年中華書局出版黨懷興、劉斌點校本，即以此爲底本。六、日本翻刻李氏本，鈐「紀伊小原八三郎源良直藏書之記」印。中國國家圖書館有藏。

《六書故》在我國小學史上地位十分特殊。以意義與造字邏輯爲分類排序依據，迥異於以部首字形分類的《説文》，是其大膽的創舉。

「六書」思想貫穿全書，爲其最大特色。《六書通釋》將文字分獨體之「文」與合體之「字」，戴侗認爲，古人以「象形、指事」造出基本漢字「文」，「文」通過「會意、諧聲、轉注」産生較複雜的「字」，「字」又組合變化衍生結構更複雜的漢字，這是大致符合漢字發展規律的。他將漢字按意義分爲數、天文等九類，每類下先列出獨體字「文」。後列出由「文」通過「指事、會意、轉注、諧聲、假借」等方式衍生出的字。被衍生的字也可以衍生出新字，如同父生子，子生孫。這與《説文》僅以部首字形系聯相比，漢字之間的演變關係更加明瞭，層次分明，邏輯清晰。

《六書通釋》洞見頗多。如：「夫文生於聲者也，有聲而後形之以文。義與聲俱立，非生於文也。」提出「因聲以求義」，開風氣之先，至清代發展爲訓詁學中的一大法寶。在《六書故》卷六，戴侗又提出，凡

「形容之辭多用雙聲叠字，率不過假借」，雙聲叠韻的連綿詞，往往只是借用字音。如果從字形去探求字義，就會穿鑿附會。

《六書故》中記録了不少温州方言詞語和發音。詞語如：「螕，俗謂蔦螕，亦曰茭蝨也。」俗音如：「儂，奴冬切，吴人謂人『儂』。按：此即『人』聲之轉，甌人呼若『能』。」《六書通釋》也記録了温州方言與鄰近台州、括州（麗水）方言的區別：「那，如何之急言也，温人呼奴諧切，台人合『作那』二字爲則皆切，括人奴弟切。吴人越人呼人爲奴紅切，今俗書作儂。台人魚鄰切，温人奴登切。」這表明至遲在南宋末年，温州地區已經形成獨立方言。

《六書故》的寫作打破《説文》以來的文字學研究傳統，另闢蹊徑。作者戴侗苦心孤詣，旁徵博引，上徵鐘鼎文，下及方言俗語，不迷信權威，爲我國文字學研究找到一種全新的思路。孫詒讓稱讚「其精識獨造，實能通究原本」，「補闕拾遺，亦多創獲」。唐蘭在《古文字學導論》中評價其「由宋以來，文字學上的改革，到他是集大成了，他的解釋有些地方實勝過《説文》。」

此次影印底本藏於温州市圖書館。書中版心「六書故」三字爲刻印，書口下方有刻工姓名、上方有本葉字數。書前有趙鳳儀序、作者自序、王壽衍（弘文輔道粹德真人）跋、袁大壯賦、六書故目等。書中鈐有「汲古主人、子晉、明善堂覽書畫印記、壽陽祁氏藏書、公卿師保之家、菉猗齋賞鑒圖書、永嘉黄氏敬鄉樓藏、黄羣過目」等印，流傳有序。原書高三十一・八釐米，寬二十・三釐米，本次影印時略有縮小。

（王昉）

目録

影鈔元刊本六書故

◎

〔宋〕戴侗撰

據温州市圖書館藏影鈔元刊本影印原書版框高二十四釐米寬十五點八釐米

[redacted]

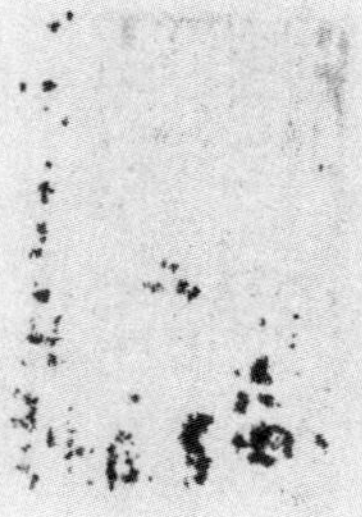

書始亏指事象形變而爲轉注會意龤聲假借謂之六書文字之本原也獨立爲文判合爲字文立而字孳天地事物之載孰有外於是者自篆籒禪而隸楷行刀筆廢而毫楮用傳寫轉易譌繆滋甚有求正於六書之故者葢鮮合谿戴公侗獨能探索於千載之下因許氏遺文釐其舛忒束其部居便㠯義訓群

經子史百家之書莫不爰据示有徵也析爲部九卷三十有三約而不遺通而不鑿父已聯子子已聯孫若網在綱瞭然如示諸掌噫亦勤矣公之父蒙从學于武夷兄仔舉郡孝廉父子昆弟自爲師友是書之成淵源有自延祐戊午予來領郡命其孫逢出諸家藏郡博士與諸儒咸謂是書誠有益於經訓宜傳

㠯惠後學予旣鏤三書與郡志明年捐奉㐭
㠯倡刻而庋諸閣徐騎省有言非文字無㠯
見聖人之心非篆籒無㠯見文字之義通經
者舍是書何㠯哉延祐庚申冬十月古汴趙
鳳儀序

六書故敘

侗也聞諸先人曰學莫大乎格物格物之方取數多者書也天地萬物古今萬事皆聚於書書之多學者常病乎不能盡通雖然有文而後有辭書雖多緫其實六書而已六書既通叅伍㠯變觸類而長極文字之變不能逃焉故士惟弗學學必先六書古之敎者子生

十秊始入小學則敎㠯六書六書也者入學
之戶門學者之所同先也㠯爲小學者過矣
由秦而下六書之學遂廢雖有學焉者往往
文雖傅會而不適於道至與曲埶小技下爲
曹伍故士益不屑而其學益不講千載而下
殆無傳焉夫不明於文而欲通於辭不通於
辭而欲㝵於意是聾於律而議樂盲於度而

議器也亦誣而已矣先人旣㠯是敍於家且
収因許氏之遺文訂其㝵失㠯傳於家塾而
不果成小子愳先志之隊爰摭舊聞輯成三
十三卷通釋一卷其所不知固闕如也印其
所知亦焉敢自是乎哉姑藏家塾㠯俟君子

延祐丁巳春
詔求賢在鄞昜旻文憲通考上之亏
翰命浙省刊亏錢唐於永嘉旻六書故訓詁
詳明深益後學迺俾郡守趙候刊而行之己
惠後人喜其克成斆書卷末是歲龍集庚申
長至日弘文輔道粹悳眞人王 誌

六書故爲卷三十有三凡九類合谿戴公之所述也予少昔从帥初氏戴子游杭閒兊名三十餘季來永嘉獲識其孫于甫道瑣瑣連篤禮皃殷勤致身書巢手讎斷竟喜古學之有傳且重其家學之不隊也三明歲大壯爲之賦曰

道寓于器初無定形亡之於理亦難定名可

見者文而可聞者聲𦣞目之所不及將何恩而何營結繩已遠書契兆興倉頡文字伏羲始制又㠯爲黃帝之臣葢取諸史㠯治百官察萬民之㞢不容不易而肰乎夫正名百物其緐夥兮變不足㠯盡契剕六書而同文兮㞢掌於周之外史初一指事㠯盡言兮次二象形㠯𪏮識目之㠯會意轉注兮別㠯諧聲

之與假借諒儒先之訓故兮既因其文㠯解
字千載之下尊信誦習兮不必假辭而戛繫
雖移鼎於籀篆兮重濫觴於邈隸學既逸於
火飆兮說僅傳於許記俾愽雅之君子兮猶
彷彿其一二然定類之㠯子爲母兮誤幾分
於半東閒辨疏便會㠯柂巧兮說規磨而辭
詭貫印本末之離㪔兮曷不㠯宗而統同部

居之殽襍兮曷不㠯承而雜異彼冥行之擿
埴兮望迷途而無所止生於今而忘於古兮
必自旻而后知至困研覈於五經兮廣校雠
於百氏知五書尚義有竆兮獨龤聲之無巳
慱莫慱於七音之禪繼兮變莫變於假借㠯
充類卬揚之辭不可指名兮悉分屬而敍紀
襍字疑文餘闕如兮俟來者之擬議是㠯本

契而文文而名兮肰後六書之道葡念篆刻蟲摹署殳之爲八兮甄爰易之爲六八分破滅狂聖始名兮紛糅負魯而混亂烏焉且二晉六身之亥何占兮一朿二縫之來何出樂从文武㠯爲斌兮文重日月㠯爲易篆譌雲興之祁祁兮隸失鸞聲之鉞鉞字指形勢之肖兮鏳入碧落之隊蒐韻釋姓氏之詳兮繆

注力夫之賁育孫造名己自欺兮啟周君之
後續私[illegible]自營自環之訓兮書怪匋行橫行
之俗闢翕倡和之度聲兮九九數豈合黃鐘
胡梵佉盧之制文兮六六母未諳西域七十
二家之名迭閭梁及兮三十九類之書空恖
叙律三蒼不旻見兮五典之存猶可讀吾欲
訂己戡經闢史兮人己熒說而見黜竄己意

逆志而索義兮又惡知夫孰是孰失收从先覺而繩糾兮是矣周章遠覗不知其爲術答竹簡定古己隸兮泯科斗於孔壁至開元易己今文兮併隸古而莫之識顧字學之堙漫兮略夏類篇彙己通釋嗟既往之無徵兮系志亂息而重爲之太息

六書故目

火 炎 熒 焱 赤 光 示

弟三 地理一

土 圭 里 垚 重 金

弟五 地理二

山 丘 𠂤 𨸏 嵬 厂 石 田 黃 畕

井 冂

弟六 地理三

水　泉　谷　小　巜　永　沝　回

弟七　地理三

仌　玉　珏　卝　丹　鹵　鹽

弟八　人一

人　身　包　先　欠　次　歓　久　舛　桀　夅　从　比　北　乑

見　反　凡　卩　匕　老　𠂤　尻　兄　先　臥

弟九　人二

子 去 女 母 大 矢 夭 元 太 竝 亦

夲 本 夫

弟十 人三

𦣻 面 県 須 縣 𡿺 目 盾 䀠 𥄂 自 白

自

弟十一 人三

口 叵 哭 𠚕 品 谷 㗊 舌 言 曰 諳 旨 音 吅 曰

可冋古只　歺　冄

弟十二　人五

亢　彡　彭　乑　吕　𦥑　申　肉

骨冎筋

弟十三　人六

心　恖

弟十三　人七

手 爪 鬥

第十五 人八

又 𠂇 収 爭 叚 聿 史 帚 尹 寸 尋 𠬪 隶 叔

从 攴 救 𤼽 𠬛 殺 反 臤 皮

第十六 人九

足 止 步 𣥠 辵 彳 癶 此 正 是 廴 行 卯

力 男 鬼 由

第十九　動物三

鳥　隹　雈　巂　奞　雔　朋　燕　羽

爪　飛　卂　至　西

第二十　動物三

蟲　蜀　風　它　黽　龜　魚　貝　買

己　巴　黽　萬　丁

第二十一　植物一

木　朿　櫜　桼　片　禾　林　束　耒

弟二十二　植物二

禾　秉　香　黍　米　粟　毇　來　麦　尗

瓜　瓠　韭

弟二十三　植物三

竹

弟二十三　植物三

艸 中朩 麻亣 甲 出 弓 丣 㐺

𠂤 丂 乇 卣

第二十五 工事一

工 巫 向 广穴 寢宮 戶 門非 囪

囧 宁 冓

第二十六 工事二

口 㐭啚 亯高京 㫗邑 𨚖舍

弟二十七　工事三

匸匚車叀舟几八畀

弟二十八　工事三

瓦缶臼午䰜鬥鼎山

皿血豆豐主亯𦎫皀

亼匕𠤎酉酋壺卣彝

斗勺也亞

苐二十九　工事五

刀 刀 斤 弋 戈戊 戉 弓 弜

兵 矛 干 辛李 㐅 癸 樂

豈 鼓喜 琴 耑 庚 声 冊 侖龠

甾 由 臾 毌 互 尸 色幻 丰

卜 用

苐三十　工事六

絲　系　㡭

弟三十一　工事七

弁　衣　叕　巾　冂　𠔼　冃　网　罪　西　㒳　㡀

巿　帛　从　勿

弟三十二　襍

中　毌　亼　八　小　小　畾　少

弟三十三　疑

王后臣民士丙己壬

辰六七九幺（丝玄）厶白

己乃丂（亏兮）入（仌㒳）夘長

克凡幵弗乚（直亾）氏爲

釆乙朮之帀而耑不

丵尸（儍尺）歺凶亞由良

豐肝下

書之目凡亖百七十有九其百八十有八爲文亖十有五爲疑文文母也皆大書其二百亖十有五爲字字子也皆細書書有六義焉一曰指事二曰象形三曰會意亖曰轉注五曰諧聲六曰假借何謂指事指事之實㠯立文一二上丅之類是也何謂象形象物之形㠯立文日月山水之類是也書之興也始乎

指事象形二者之謂文事不可悉指也形不可殫象也故會意轉注諧聲因文而生焉何謂會意合文已見意兩人爲从三人爲乑兩火爲炎三火爲焱此類是也何謂轉注因文而轉注之側山爲𠂤反人爲匕反欠爲旡反子爲𠫓此類是也何謂諧聲从一而諧已白聲爲百从品而諧已生聲爲曐从曰而諧已

匕聲爲旨从又而鮨㠯卜聲爲攴此類是也三者之謂字字者孳也言文之所生也文一絫而生子子再絫而生孫至於三絫亖絫而書之制作備矣所謂假借者本無正文假借㠯爲用若𠦬之爲𠦬奕爾之爲爾汝辭助是也其詳具諸通釋

凡文象形者十而九傳寫轉易或趨簡省或

加繆巧濅失本眞☉本象日之圜因偏旁而楕之爲日其中加點焉象日中若有物者譌而爲一俗説日中有烏故又譌而爲乙𠂊本避日取象於其缺轉而爲冃乃類於肉○○○本取象於其繫隸書與品亂故又龤吕聲爲曐今品譌而爲晶乃爲曐又从省而爲星⛰本象山之形今譌而爲山𩡧本象馬之尾足而

鬣今轉而爲馬本篆虎之爪牙今轉而爲虎凡若此者皆迷其本眞者也今各原其取象制文之本初已爲次序雖稱古文籀文而不當物者注于下方

凡訓義正而通者大書不著所出衆之所同非一家言也義之隱者表其所出示有徵也

凡義之疑者注於下方疑於義者雖先秦古

書皆遝之冣於義者雖後出必進之同文之
政闕疊史之官受墜聲傳文禪國異人殊書
名紛糅一字而數音者有之一音而數字者
有之重憂舛繆莫知所壹今略訂正歸于一
是其可㞢存者大書不可㞢存者疏于下方
孫逢謹校

六書通釋

永嘉戴侗

名者人治之大者也文者名治之大者也文惑則名亂名亂則實易名亂而實易則民眩惑号令昏濫度舛禮樂壞而亂益生君子如欲善治其必由正名乎古之明民者觀於天文儀於地理比類萬物釐制百則㠯正天下

之名㠯定天下之文簡而覈約而葡通而不
戠察而不煩事物載焉灋象葡焉記曰黃帝
正名百物㠯明民共財由黃帝而來㠯至于
周上㠯道揆下㠯灋守之脩其物無斁差忒
其在周官司徒掌之㠯敎萬民保氏掌之㠯
敎國子外史掌之㠯詔三方及七歲則屬象
胥而諭言語协辭命九歲則屬瞽史而諭書

名眰聲音十有二歲王巡安則大習之當是旹也物同名書同文亖海之內通達之國無尨言焉故名不貳實不與而眰不惑百官吕治萬民吕察灋度槩焉禮樂昭焉周之衰也官失其安士失其學及秦燓書先王之迹一𢇍不繼自篆而八分自八分而行楷譌吕傳譌繆吕孳繆至亏令曰文亂極矣況於名乎

由千載之下遡千載之上㠯探不傳之學其難已矣闕其所疑固㠯俟知者若其象類并失不應六義邈不可攷者雖聖人复起豈能鑿通哉傳曰非天子不制度不攷文如曰雯正而大𤰈之其在攷文之君乎

夫文生於聲者也有聲而後形之㠯文義與聲俱立非生於文也生民之始弗可攷也已

㠯理而逆之被髮臝形擊剝挽削㠯爲衣會
其乞未柔若禽獸然其知未闢若嬰兒然僅
能号呼其欲惡喜怒㠯相告詔而已矣稍益
有知然後漸能名命百物而号召之聲稍𤰇
矣文字未興也其類滋其治繁而不可㠯莫
之徵也然後結繩之治興焉治益繁巧益生
故有刻画竹木㠯爲識者今蠻夷與俚俗不

識文字者猶或用之所謂契也契不足㠯盡
變於是象物之形指事之狀而刻画之㠯配
事物之名而簡牘刀筆興焉所謂書也象形
指事猶不足㠯盡變轉注會意㠯益之而猶
不足也無所取之取諸其聲而已矣是故各
因其類而龤之㠯其聲木之形可象也而其
别若松若柏者不可悉象故偕公㠯龤松之

聲借白㠯龤柏之聲水之形可象也而其別若江若河者不可悉象故借工㠯龤江之聲借可㠯龤河之聲所謂龤聲也五者猶不足㠯盡變故假借㠯通之而後文字之用備焉六書之義雖不同皆㠯形聲而已矣六書不必聖人作也五方之民言語不同名稱不一文字不通聖人者作命神瞽焉劦其名聲命

史氏馬同其文字釐其煩慁緫其要歸而巳
矣夫文聲之象也聲气之鳴也有其气則有
其聲有其聲則有其文聲與文雖出於人亦
各其自然之徵也有有形而有聲者有事
而有聲者有有意而有聲者有形而有聲者
象其形而聲从之求其義於形可也有事而
有聲者指其事而聲从之求其義於事可也

有意而有聲者會其意而聲从之求其義於
意可也是三者雖不求諸聲猶未失其義也
至於諧聲則非聲無㠯辨義矣雖然諧聲者
猶有宗也譬若人然雖不知其名猶可㠯知
其姓雖不察其精印猶未失其粗者也至於
假借則不可㠯形求不可㠯事指不可㠯意
會不可㠯類傳直借彼之聲㠯爲此之聲而

㠯目求諸其聲則旻求諸其文則惑不可不
知也書學既廢章句之士知因言㠯求意矣
未知因文㠯求義也訓故之士知因文㠯求
義矣未知因聲㠯求義也夫文字之用莫博
於諧聲莫變於假借因文㠯求義而不知因
聲㠯求義吾未見其能盡文字之情也周禮
九歲則屬瞽史而諭書名聽聲音史正書名

瞽劦聲音聲㠯治也書㠯治也瞽史劦脩而後㠯目之政不爽故侗嘗謂當先敍其聲次敍其文次敍其名然後制作之道備矣聲形而上者也文形而下者也非文則無㠯著其聲故先文而繼㠯聲聲昜也文侌也聲爲經文爲緯聲圜而文方聲備而文不足

天下之物猶有出於六書之外者乎其實已

矣凡天地萬物之載具於書能治六書者其知所㠯治天地萬物矣許氏之爲書也不㠯从辨異故其部居殽襍不㠯宗統同故其本末離㪔凡予之爲書也方㠯類聚物㠯群分㠯辨其从又㠯聯子子㠯聯孫㠯統其宗宗統同从辨異故眂繫若寡而御萬若一天地萬物之富不可勝窮也㠯是書而求之則若

數二三焉故曰知治六書者其知所㠯治天
地萬物矣
侗之爲書也先契㠯本文太一㠯起數是故
數爲首次二曰天凡本乎天者皆从上次三
曰地凡本乎地者皆从下次亖曰人次五曰
動物次六曰植物次七曰工事七者備矣歸
餘於襍綴疑於末而六書之道盡焉天地之

大也日月星辰之昭也山川丘陵之廣也人事之殺也物産之夥也古今之長也治之㠯七者皦如也簡而不遺繁而不亂知吾說者之於天地萬物也其如示諸掌乎

天地萬物之生夥矣人者天地萬物之帥也故人文居多人道治而天地萬物之理得矣人事莫繁於口手故口手之文居多口手之

動不失其則而人事旻矣心也者身之帥也心之動也微而其應也巨凡天下之故皆出於心故心之文多而義最賾能治其心則能治其身能治其身則能治人能治人則能治天地萬物天地之閒無餘事矣心之屬爲字三百不失乎心之正者僅六十而已是呂君子慎其所感也

天下之物名無竆而書有限也理義精深廣愽而書之所可象者皆粗也然則書之用其竆矣乎曰昜之爲象也其初止於八因而重之止於六十有亖其稱名也小其取類也近然而義理之高深廣愽莫能踰焉孔子曰亖營而成昜十有八變而成卦八卦而小成引而申之觸類而長之天下之能事畢矣夫有

物則有則則非離物也有器則有道道非離器也物有成形而理之精賾者難言也器有成象而道之廣大者難摹也舍物象而言理道者猶圖虛空而畫聲气也必不覈矣是故聖人因器㠯著象立象㠯盡意引而申之觸類而長之而天下之精義靡有遺焉六書之佁其稱名也小其取類也近所㠯覈象類之

實而著事物之文猶一二上下之不眩也故
其小也天下莫能破焉引而申之觸類而長
之天下莫能載焉故格物之道莫博於書學
書之道充類爲大通於六書者可己通於知
類通於知類者可己無不知聖功之始也道
从辵本爲人之行路理从玉本爲玉之文理
引而申之則道之廣大理之精微者無不通

此充類之術也

凡書獨太爲文牉合爲字文猶八卦也文太而字孳因而重之猶八卦之爲六十有三也

假偺㠯通之觸類而長之一言不足㠯盡名則合言㠯盡之兩言不足㠯盡意則合辭㠯盡之書竆則變變則通天下萬物之名理簡

矣富有之謂大業日新之謂盛悳生生之謂

易六書其𤰞矣乎孔子曰下學而上達知六
書之說者其幾於易矣
六書三十篇人事居其半雖然天地萬物之
繫亦人也天地萬物人所事也非人則天地
萬物之名不立故曰萬物皆𤰞於我矣此豈
庶物之所能與乎哉知乎此則知性矣盡乎
此則盡性矣萬物一原而性以類殊萬物同

出於天而人受其中故惟人萬物之靈所謂
性善也謂蠢動含靈咸同此性者謂馬之性
猶牛之性牛之性猶人之性者也然教也柰
何今儒者之亦爲斷言也噫
凡六書皆以形人聲而已矣有聲而有形者
象其形則可以爲書有聲而有事者指其事
則可以爲書有聲而有意者會其意則可以

爲書形不可勝象也事不可勝指也意不可盡會也則各因其類而諧之㠯其聲故諧聲多而義可知弃與其類而莫之从則直假借㠯足之故假借多而義難求古人謂令長爲假借蓋已不知假借之本義矣所謂假借者謂本無而借於他也合卩爲令本爲号令命令之令去聲令之則爲令平聲長之本文雖未可

曉本爲長短之長乎聲自穉而浸高則爲長上聲有長有短弟之則長者爲長上聲長者有餘也則又謂其餘爲長去聲二者皆由本義而生所謂引而申之觸類而長之非外假也所謂假借者義無所因特借其聲然後謂之假借若韋本爲韋背借爲韋革之韋豆本爲俎豆借爲豆麥之豆令鐸之令乎聲令伶鈴特召其聲令

令朕故僭用令字豨令伏令𠂈其狀類鈴也
故又从而轉僭焉若此者假僭之類也凡虛
而不可指象者多假僭人之聲气印揚最虛
而無形與事可𠂈指象故假僭者十八九發
語之揚者有於音烏有猗有若有夫音扶有羌其
印者有印有繄有乃其兮者有爰有載有繇
有惟有式有誕有越卒語之揚者有耶有與

兮敿

有哉有諸有兮有居居之切其卬者有㫗有

尒有只有巳其兮者有者有也有焉有枏有

斷有思有忌音記順語則有然有若有必有盍

反語則有弗有不有匪有靡有末有蔑有罔

疑語則有何有奚有邪有豈有曷有害胡葛切

有安有焉於虔切有惡哀都切有遐有胡有孰有

或語閒則有於衣倨切有㠯有而有則有之有

所有斯有其嗟歎之聲則有都有俞有噫戲
有烏嘑凡此皆有其聲而無所依㠯立文故
必借他文㠯葡用此假借之道也不知龤聲
借聲之義者其爲說必鑿
六書之中天文地理人事物則葡矣苟能因
其自然之文㠯求其自然之則由是㠯稽聖
人之言由是㠯通天下之故㠯之正心脩身

亝家治國平天下皆可㠯行其所無事矣鑿於文者必鑿於辭鑿於辭者必鑿於理鑿於理者無所遁而不睹道也其極也至於天地失其位萬物失其性故格物致知之患莫甚於鑿非特六書之故而已也

書云惟天聰明惟聖旹憲詩云不識不知順帝之則夫有物必有則天之所命非人之所

能爲也雖堯舜文王之聖亦順其則行其所無事而已矣孟子曰所惡於知者謂其鑿也如知者若禹之行水則無惡於知矣禹之行水也行其所無事也如知者亦行其所無事則知亦大矣聖人既没百家蠭起曲徑敗道巧言亂惪皆由於鑿也侗於六書其所不知葢闕如也不敢鑿也已鑿爲知其於疑也可

㠯無關矣其於天則倍之逾遠聖人之道不明六書之學不講學者各㠯其知馳騁於穿鑿之途詩書六埶之說始不勝其異其鑿彌深其知彌遠此侗之先君子所㠯拳拳於六書而侗之所㠯不敢鑿爲之說也

六書推類而用之其義最精昏本爲日之昏心目之昏猶日之昏也或加心與目焉嫁取

者必㠯昬旹故因謂之昬或加女焉熏本爲
熛火之熏曰之腹入其色亦肰故謂之熏黃
楚辭猶佗纁黃或加日焉帛色之赤黑者亦
肰故謂之熏或加糸與衣焉歙酒者酒气醺
而上行亦謂之熏或加酉焉夫豈不欲人之
易知也哉肰而反使學者昧於本義故言婚
者不知其爲用昬旹言曰曛者不知其爲熏

黃言⿰糸夒帛者不知其爲赤罽它如黽殯之黽
別作⿰犭黽則無㠯知其爲危黽之殯黽鬼之黽
別作⿰示黽則無㠯知其爲凶黽之鬼夢厭之厭
別作魘則無㠯知其由於气之厭塞㠯且之
㠯別作⿰歹雝則無㠯知其由於气之㠯厎永歌
之永別作詠則無㠯知其聲猶水之衍永璀
粲之粲別作璨則無㠯知其色猶米之精粲

惟國語史記漢書傳寫者希故古字猶有不改者後人類聚爲班馬字類漢韻等書不過㠯資奇字初未旻其要領也所謂多學而識之非一毌之道也

注疏未興經義常明注疏曰繁經義益晦非經有明晦學者不知六書故也自漢氏㠯來儒者各㠯師說轉相授受不揣其本不會其

宗各自己意鑿通爲說緣辭生訓析言破義
而古書之精義愈不可見矣朱文公昉推訓
故己釋經義學者稍識古書之旨然經爲之
解字推其故述者已煩而不能徧識學者已
勞而不能徧通猶爲未㝵其要也古之教者
子生十秊始入小學教己六書六書者群經
諸子百氏之通釋也六書苟通由是而往天

下之書不待注疏皆可讀也六書不通而㠯
億說繆爲之注疏是瞀而爲嚮者也祇益其
迷注疏滋多學者滋惑是故古之學者簡而
覈約而達用力省而功倍後之學者博而膚
襍而不毋用力勞而功少
六書雖陋而其用博充類爲大假僭次之㕡
繫从古肰後精義著焉雖肰古者書㠯刀筆

載諸簡策簡策費卞而刀筆費畧故載籍之
繫國不能具韓宣子適魯始見易象與魯旾
秋然則晉主夏盟而猶不能具典籍也孔子
曰夏禮吾能言之杞不足徵也殷禮吾能言
之宋不足徵也文獻不足故也杞宋世先
王之禮物而文獻猶不足徵也況他國乎況
學士大夫乎學士大夫既不能盡見全書徃

徃誦讀㠯相傳故㝵其聲而不㝵其文則一
字而假借者數字傳其聲而不㝵其本則一
字而貿易者數體棼然文亂不可勝一一之
㠯義可也古者瞽史蓋嘗脩之毫楮既興書
道乃簡然其譌繆乃有甚焉則未有是正於
六書者也經傳諸書衆所習誦傳寫者多易
㠯俗書版本既興始共謹守一點一画不敢

叓易不知其爲安譌傳繆也如周易無皆爲
无則道家者流易之也唐玄宗天寶三秊詔
集賢學士衛包改古文从今文故六籍多用
俗書惟周禮儀禮國語史記漢書傳習稍少
故猶有未盡變者焉婁機作班馬字類取其
字之異於俗書者傳以聲類予謂非特史記
漢書爲然也大槩古書假借居多史記漢書

亦有假借不當物者若捜之爲叜讓之爲攘
敬之爲驚趨爲趍黽勉爲閔免妖爲祅與訞
䡖爲鉃柴爲祡愒爲偈穢爲薉霏爲⿱雨飛韋爲
摼畜爲稸隊爲⿰石㒸皆不當物不足悉取也司
馬子長揚子雲皆好奇字故其辭賦太玄灋
言多奇字而不遷於用予所不取也
先人曰載籀之興也肇乎文合文已成辭屬

辭㠯達志畢志㠯成章辭助也者所㠯毋其
文達其辭而暢其志也故學者必辨乎書名
而味乎辭助辨乎書名而義著味乎辭助而
意㝵窮天下之載籍無有逃乎此者不待注
釋而皆可通
動植之類有萬其物禽獸艸木蟲魚之書名
各不過數十百有有字而不知其物者有有

名而不㝵其字者西北多山物東南多水物
姑㠯吾邦言之海之介蟲曰蠃曰蚌曰蛤曰
蛤棃曰蛆曰蟶曰蜆曰蜼曰蠅曰蝚曰蚴不
可遽數邦人不能盡識也況異邦乎南人不
能盡識也況北人乎南之不知北猶北之不
知南也欲㠯一方之見而盡萬物之載難矣
況其名物鐇糅州異而縣殊㠯名而求諸書

固常不盡㠯字而亦其物又多不旻予書非能盡物也姑著其有徵而信者焉其所不知㠯俟知者若夫怪誕之說故所弗取也外史失官而六書繆亂隸楷日滋而篆籒堙漫向微許氏說文文字之本幾於景滅而迹緜奚至於今而猶有考焉者許氏之功也吾先人敎學文者必先六書學六書者必考於

說文顧其書𦍒夏於㡭學之後裁成於一人之手猶未免有遺憒文字之所不可無者或見於其注說及他偏旁或一字而再見遺逸重夏蓋多有之徐騎省兄弟不能補正乃曲爲之說殆類杜氏之於𠂇氏何氏之於公羊氏也

六書始於象形指事古鍾鼎文猶可見其一

二馬許氏書祖李斯小篆法取形勢之整齊
不免增損點畫移易位置使人不知制字之
本☉本象日之圜而點其中㠯象日中之微
𡨄居偏旁之少者楷其形㠯讓其又小篆遂
佀日☉☽本象初月闕其彡㠯孫給日小篆
佀月乃與肉無別𡴀𡴀象其峯之隆殺譌而
爲山丛馬豕本象其三足而尾譌而从巾燹

魚本象其峻尾譌而从火凡此之類皆迷失其本文者也故予考之於古茍典刑之猶在者必簡著之古書本用刀筆後世巧繆乃始有科斗玉箸柵稾諸體皆非本文也故予皆不取

說文丨孫氏古本切上下通也引而上行讀若囟息進切引而下行讀若退凵孫氏口犯切張口也乚

孫氏房密切又戾也象𠂇引之形乀孫氏分勿切𠂇戾也从反丿厂孫氏余制切抴也明也象抴引之形虒字从此徐鍇曰象丿而不肆乁孫氏弋支切流也从反厂讀若移𠄌孫氏居月切鉤識也亅孫氏衢月切鉤屰者謂之亅象形乚孫氏於謹切匿也象迟曲隱蔽形按古今書傳皆未嘗有用此九文者凡書方圜曲直𠂇又抴引徃徃皆因其形勢之自然

初不成文豈有定名予無取焉

說文所載籒文率多增益點畫失文字之本

如灸之爲𤎯震之爲䨬芻爲雩祔爲禩𥜶爲

䌈祟爲𥜶禋爲𡪢禮爲𩕢逋爲𨕖迸爲遊𥃤

後人傅會託於史籒之爲也予無取焉

六書所㠯章名物也天有日月星辰風雨之

名地有山川國邑土田之名人有骨體爪𤓰

官職器用衣服之名物有鳥獸蟲魚穀果艸木之名凡一言㠯爲名者皆具於六書矣一言不足㠯盡名則合文㠯爲名合文㠯爲名者非六書之所能具也故先王之灋有書有名三代而上名正而言順故學粹而義明三代而下其名亂其言尨司馬相如揚雄之徒始務爲奇字辭名㠯夸辯博自是㠯來爲文

字者昧於義短於理而騖於辭奇苟務更名換字以爲新奇故言天地者曰乾坤曰堪輿曰葢輿曰穹壤言日月者曰烏兔曰羲娥曰曜靈望舒凡事物之正名皆以常見猒更爲奇變而不顧於理義天下貿貿焉日入於昏潰回遹學者眩於知去聲妨於業而迷於遺相如之賦雄之太玄遝之轉成王碑學者鮮能

通其文辭雖能通之亦卒無所用揚雄多識古文奇字韓退之亦慕爲之六經孔孟之書未嘗用奇字而大道著焉古之爲文辭也將以明民令之爲文辭也憂以昬之古之爲文辭也將以辨物令之爲文辭也憂以眩之易曰當名辨物正言斷辭侗之爲是書也亦以當名辨物正言斷辭通天下之志而已矣非

敘夸辯揔而自爲一家言也

凡字書有二㠯文求之者其傳於今則有說文玉篇類篇諸書焉㠯聲求之者則有唐韻集韻諸書焉聲韻反切之學古未之有也許叔重鄭康成諸人不過曰讀若某云尒漢末孫叔言創尒雅音義始出反語隶魏大行西或用之㠯通釋氏之書於中國其濅上㠯喉

舌脣齒牙三十六聲爲母下㠯聲之相劦者爲韻而㠯聲韻二字反切之若東悳紅反悳爲聲而紅爲韻也商式竿反式爲聲而竿爲韻也反切旣興天下之聲莫能逃焉聲昜也韻会也聲爲律韻爲呂令之爲韻書者不㠯聲爲綱而鑿者毋㠯韻訓字故其義多忒聲之相通也猶祖宗乑姓之相生也其形不必

二日三八

同其乞類一也雖有不同焉者其寡已矣韻之相適也猶玃爰之佀人鱓之佀虵蜀之佀蠶也其形幾佀其類實遠雖有同焉者其寡已矣台余吾我卬皆爲自謂之名尒汝而若皆爲謂人之名誰䎽若皆爲問人之名此所謂聲之相通者也旾之爲言蠢也夏之爲言假也秋之爲言愁也悳者㝵也祖者且也舍

者舒也子者滋也丑者紐也寅螾然也卯茂
也辰言萬物之蜄也巳者昜气之巳盡也未
者味也戌滅也宮中也商章也角觸也此所
謂韻之相擬者也不能審聲而配韻㠯本義
未有不爲鑿說者也
專爲文合爲字會意㠯爲字止於合三析而
訓之至三至亖是皆不旻其義而破碎牵合

吕爲之說也

凡字有从多而省者趨於巧便也从省而多者趨於巧繆也鍾鼎之文多巧筱壐之文多繆鍾鼎之文予所取證者不少然不盡信者吕其人自爲巧也

凡文有自省而緐者一之生二三亖口之生吅品㗊又之生収叒是也有自緐而省者水

之爲川爲巜爲𡿨蟲之爲䖵爲虫骨之爲冎
爲冎爲肎是也有母容其子而从省者老之
省爲耂而耊耄考耇容焉虍之省爲虍而虞
虔虐虘容焉蟲之省爲䖵而蠿蛾蟁蠭載焉
䖵之省爲虫而螟蝝螻蟻依焉此類是也有
子孫其母者說文所謂从杲省聲者是也有
[illegible]而从者〇之爲目多之爲舟卌之爲車是

一百三十三

德明

也有讞而衡者水之爲☵是也
字之子母相从聲義相劦或居上或居下或
居𠂇或居又有更變易者焉有不可更變易
者焉朞期峯峰峩峨崒崪鍫鍬松枀謨謩豁
豁橛橜𠂇又上下雖有變易不出乎一字此
其可更變易者也杲杳易明垕垢唯售含吟
召叨眇省悲悱愈愉意愔怠怡忠忡怒怓愁

愀忩忪擘擗枼枻架枷衾衿裹裸此其不可更變易者也

有一義而後創一字㠯此釋彼兒不近之如憂怒怨懼恩惠喜悅憤慍憂悲之類人所通曉字書引喻其義反差凡人之所通曉不待注解者皆不贅解

名㠯指實也有其物而無㠯徵之故爲之名

馬所㠯別同異辨庡物明民者也非所㠯誣民惑衆也怪力亂神孔子不語故怪誕之說皆斷而不取有其書而無其物者謂之虛名虛名載於書册者爲不急之察無用之辨實名通於俚俗者不載則闕於用故予舍虛而取實儳有餘力當盡萃書名之不當物者別爲一編而辨正之㠯明民

說文闕漢帝之名尊君也侗吕爲不然禮曰臨文不諱如許氏之濾是王者之名不載於六書而堯舜禹湯文武之名皆當刊而不載矣

凡方言徃徃吕聲相禪雖轉爲數音實一字也不當爲之別立文姑疑其略那如何之急言也溫人呼奴諧切台人合佗那二字爲則

二日廿二 德明

皆切揞人奴弟切吳人越人嘑人爲奴紅切
令俗書作儂台人奧鄰切温人奴登切母古
音莫古切又莫比切令俗通嘑莫下切吳人
莫回切又上聲蜀人卽乙切淮南嘑社別太
媽姐毑文皆非也博雅嬭妳圝母也女蟹切
令俗謂乳母爲妳漢人謂母媪姥凡此皆一
音之轉也温人嘑如爲女㜒切揞人女朱切

温台又女輿切馨許生之急言也説文有⿰甹只
吴人有寍馨語寍如之變也寍馨猶言如許
生也凡若此者不可悉數皆不當太文者也
予爲六書三十秊而丯苟完毎參校一部攤
書滿案必采又獲手罷目眩輒撫書而歎曰
焉己是爲哉笞温公嘗謂吾生精力盡於通
監一書通監既成學者據之己考二千載之

興衰理亂如翻日歷也其較之徧閱諸史呂求徃古之統緒者可謂約而省力矣然溫公謂當時能閱之竟卷者才一人而已今世學者僅讀書坊節本未有肯觀全書者也夫有成書而猶不暇於徧閱孰知夫作書者之難哉杜子美云良工心獨苦此固古人之所共歎也雖然是書要爲人文之所不可闕者苟

有用力於此者其知之矣

予爲六書三十年而未卒功非直不敏不勤葢不敢遽成也天地萬物之載壹形諸書矣昔有今古方有南北天地之產萬不足名也㠯一人之心知一方之閒見而自㠯爲能備天地萬物之載誣矣予觀古今字書皆不免舛憂疏落之失葢事物之浩緐錯糅紀述者

莫難焉予之遲遲於卒書者非直不敏不勤
葢有待也雖然秊運而徃來日幾矣免於待
則書之成未有日也故予姑約其三十秊之
功㠯爲書孔子曰裨諶艸創之世叔討論之
行人子羽修飾之東里子産潤色之予書艸
創之書也討論是正則㠯俟君子焉予觀釋
氏之流㠯幻妄欺世越之新昌有鐫厓石㠯

爲大象者其高數十仞其始一僧爲之不能成曰後必有繼我者繼之者數人卒底于成其長過於僑如塗㠯金碧煥然溢目愚夫愚婦望而稽首歷鄭焉噫㠯彼之欺而猶有繼其志者吾書太宇宙之人文著焉庸詎知後世之無揚子雲也吾書非一家言也不吾鄙者繩愆糾繆匡其不及而補其闕㠯成不刊

之典竊有望於後之君子焉

孫奎謹校

六書故弟一

永嘉戴　侗

書始於契契㠯紀數故首數次二天次三地次亖人次五動物次六植物次七工事次八襍次九疑

數

一　於悉切數之始也畫如其數於六書爲指

小六十四

事說文曰弌古文侗謂弌非能古於一且从弋無義今惟財用出内之簿書用壹貳叄肆伍陸柒捌玖拾阡陌㠯防姦易其从弋者當廢弍弎亦如之

一之指事

二

二而至切數如其画說文曰弍古文

二之疑

亟

亟紀力切於書傳爲亟急之義亦借用革棘又去吏切於書傳爲頻數之義說文

曰亟敬㑊也从人从口从又从二二天地也按六書有合三㠯成字無合二㠯成字者許叔重於亟字二析之而不旻其義非侗之所敢安也亟篙皆从句疑句爲鰭聲孔子曰君子於其所不知蓋闕如也故凡所不知皆闕之㠯俟知者

又作㥛䩯說文曰㥛㑊也

竺

竺 丁毒切

說文竺从二竹聲厚也按竺字古無所見惟楚辭有曰稷維元子帝何竺之味其辭意乃有弃藩意非厚也函域身毒國亦号天竺張六切莫曉其意義

三　三　十

小目七十四

三穌旦切數如其畫三之曰三去聲說文曰弎古文

亖息利切數如其畫亦作四說文曰象亖分之形𠖱古文

一之會意

十昰汁切數之成也从衡相乘吕明數之𤰇也上古結繩而治未有文字先契吕紀

數一二三亖各如其數自㐅㠯往不可勝画故變而爲㐅㠯爲小成之識變而爲十㠯爲大成之識所謂窮則變變則通者也數始於一成於十自是㠯往十十爲百十百爲千十千爲萬十萬爲億十億爲兆爲秭皆自十而乘之說文曰惟初太始道立於一造分天地匕成萬物二者地之數也三者天地人之道也㐅者五行也天地之閒侌昜交午也十者數

之具也从爲南北衡爲東西三方中央簡矣侗謂許氏之說大矣非制文之本指也古之作書契者収㠯通知愚達遠近壹古今開物成務者也其稱名也小其取類也近肰後其著義也確一二三四五十本爲紀數大文非爲天地侌昜五行大名也引而申之無所不通許氏之說在其中矣

廿

十之會意

廿二十切二十之合稱也按今俗呼若念葢二十有尼至切之音故又轉而爲

卅

念

卅三十切三十之合稱也洪景盧曰今人書二十爲廿三十爲卅三十爲卌息入切皆說文本字也秦始皇刻石頌悳之辭皆己三字成句獨稱二十有六季三十有七季或曰維二十六季皆己亖字爲句嘗見太山刻石本乃書爲廿有六季其爲二十三十非司馬子長誤易之則傳寫之譌也

卅之會意鍇聲

丈	丗

丗舒制切三十秊爲一丗人生三十
而壯有室始有子七十而老老而傳
大約當丗用事者三十秊故㠯一傳
三十秊爲一丗說文曰从卅而曳長
之亦取其聲按商彝卣丗直作卅丗
又音泄記曰丗柵之母舭

丈直兩切十尺也人手中尺故从十从

又長十尺㠯爲度老者疾者之所扶象之故亦曰丈別作杖老者然後丈尊之故曰丈人丈所倚也故凡所馮倚者皆曰丈別作仗丈夵聲

十之龤聲

𠦃此因此先二切十百爲千人聲俗又作仟

千

博

博補各切廣也說文曰从尃尃布也按鎛膊搏縛皆尃聲蓋尃

有鋪音於博聲爲近偕爲博奕之博別作簙

百

一之𩪋聲

百博陌切己十乘十爲百十十之數也白聲說文曰百从白古作𦣻从白白亦自也从一白數十百爲一冊相章也按伯从人白聲百亦當己白爲聲鐘鼎文凡百皆直作白己白爲自鑿而不通己白爲聲明而有徵俗又作佰

百之疑

皕　元　丕　乂

皕說文曰二百也孫氏彼力切按古今無用皕字者然奭盡皆㠯皕爲聲

元愚袁切生物之本始也物生於故从人一兀聲引而申之爲首爲大說文一本从一从兀一本从一兀聲兀聲爲是伯曰元首也从人从人从丄

丕攀悲切大也古亦偕用不別作丕張參曰石經从十

乂吾古切自一至三積而上之不可勝畫也

五爲數之半故少乂乂毋㠯爲小成之識今

郊野之爲衡者粹人之爲尋丈者至數之半皆乂契之觀於此可㠯知書契之所从生矣錯乂之義取焉亦作五通作午午割午毌皆此義也或曰錯乂本義也借㠯紀數

乂之會意

爻

爻号交切變動錯乂之謂爻故从二乂說文曰象易六爻頭交也按易因爻㠯名書不因書㠯立名許氏說非亦通作殽淆

㸚　爾

爻之會意

㸚孫氏力八切爻之㐺也

㸚之疑

爾兒氏切詩云彼爾維何維常之華

爾緜密也說文曰麗爾也从冂从㸚㸚其孔也尒聲按从冂之義未達別作薾引之爲密爾別作迩邇僭爲爾汝之爾又僭爲辭助如昆之合爲

爾語曰鏗爾舍瑟又曰莞爾而笑爾與然聲義相通亦通佗尒

爽

爽疏兩切爽之用二書曰故有爽德詩曰女也不爽其義爲差書稱昧爽又曰用爽厥師其義爲明說文曰明也从㸚从大奭篆文

文

文無分切文理也象文理錯爻說文曰錯画也象交

文 商癸彝文 鬙鼎文 又作彣 說文曰䵂也 傳曰宋
仲子生而有文在其手曰爲魯夫人此文
之本義也六書所目謂之文也上則天文
下則地理中則人倫小之鳥獸艸木莫不
有文焉中庸曰文理密察傳曰經緯天地
曰文周語曰經緯不爽文之象也堯之文
思舜之文明禹之文命皆是物也孔子曰

大二百十七

大哉堯之爲君也巍巍乎其有成功煥乎其有文章又曰文王既沒文不在茲乎堯舜文王周公孔子文之至也詩書六埶文之所聚也學者必學於文然後可㠯格物致知故曰子㠯三教文行忠信又曰博學於文約之㠯禮流俗之失專㠯辭采緣飾爲文至㠯言辭爲文章失之矣孔子曰周

監於二代郁郁乎文哉吾从周孔子之从周也謂其監於二代而極文理之精察也豈尚其文飾乎哉孔子曰伯母叔母疏衰踊不絕地姑姊妹之大功踊絕於地如知此者由文矣哉由文矣哉先人曰觀於此可㠯知聖人之所謂文矣引而申之則爲文采文飾而質與文數考工記曰青與赤

斐　彥　𢽾

謂之文亦與白謂之章別作紋

文之龤聲

斐斧尾切文采成章也詩云萋兮斐兮

成是貝錦亦借用匪

彥魚變切文茂美也說文曰从彣厂聲

士之文秀者因曰彥書云人之彥聖

𢽾里之切說文曰微畫也疑當與氂并

爤
上
丅

爤郎干切爤班襍色成文也

二上旹掌切丄篆文二丅胡雅切丅篆文上丅之文各指其事而義見又𠫓聲說文曰古文諸上字皆从一篆文从二辛示辰龍童音章皆从上徐鍇曰萬物莫先於一故古文上皆爲一按六書衡一於上者若天若雨若不若六若末皆指其在上之象非一也亦非上也衡於丅者若土若立若旦若至若皿若豆若本若氐皆指其在丅之象非一也亦非丅也衡於中者若毌若玉若母若壬若朱非一也亦非中也上丅非从一數而指事之画同於一故附

大八十七

見一之後

帝

丄之龤聲

帝都計切主宰之尊稱故天曰上帝五气曰五帝天子曰帝帝古文說文曰从丄朿聲鄭敷仲曰帝象蕚蔕之形卽蔕字也僭爲天帝帝王之帝

丄之疑

旁

旁步光切三畔爲旁說文溥也从丄闕方聲旁旁並古文旁籒

文別作傍按旁不過三旁之名說文从丄其義未明又借其聲爲旁皇之旁竝其旁之謂旁去聲亦作徬又蒲庚切詩云駟介旁旁言彊壯皃陸氏補彭切

孫夆謹校

小廿五

六書故弟一

六書故弟二

永嘉戴　侗

天文上

天

天他歬他眞二切在上而大者天也於文爲指事天覆乎上曰月星辰系焉萬物之生皆本乎天莫與大焉故曰皇天在上故曰上天視之其色蒼蒼故曰蒼天㠯其清明廣博昦界

昦𤇾故曰昦天以其照臨明昭故曰旻天以主宰言則謂之帝以亓气言則有亓帝天於文从人大𡗗而冠之篇尊天也說文曰从一大而張平子墓碑文或作𠑵兲

气

气郤利切象气絪緼騰起偕爲气与之气又轉爲气匃之气郤訖切令人專以气爲气匃之气故反以氣饔之氣爲气而加食爲餼以爲氣饔之氣轉失其本矣又作炁非黄老之說以虛無爲祖故炁

从无
从火

氛

气之諧聲

氛甫云切气之有象者傳曰日南至梓慎望氛又曰楚氛甚惡又曰見赤黑之祲喪氛也

日

⊙人質切太昜之精著象亏天者也象形日出而晝入而夜故一晝夜謂之一日日之行

始紾南陸自南而北厎亏北陸自北而南憂至南陸而一周故中冬日南至斗建子爲一之日斗建丑爲二之日建寅爲三之日建卯爲三之日自昰至季冬皆㠯日行而旻名也

說文作日从口从一⊖古文象形按日之〇自取象紾日之圜初不从口亦無从一之理日中从乙說者謂象日中有烏葢日月之中皆髣髴有物象焉流俗相謂日中有烏三足月中有桂與兔晜者謂月中有姮娥宮殿好怪者滋益之而不察者習信之也在天成象

旦

在地成形日月象也烏有物形此不經之論也

旦之指事

旦㝵案切日出地上旦之義也烏有鴠旦鳴旦者也別作鴠詩信誓旦旦說文引詩作悬

旦之諧聲

暨

暨其冀切夙戒追旦而趨事也引而申之為暨及之義亦僭用洎又作臮說文曰衆詞與也

㬎古文

日之會意

明

朙母濁母兵二切縣象著明莫大乎日月故兼取日月以著義別作朙說文曰朙从月从囧朙古文按日爲大明明之主也从日爲正囧乃日之譌

杲

杲古老切日融明也日出木上杲之義也

杳

杳烏皎切日冥也日在木下杳之義也

東　𣗥　杲　莫

東㝵紅切出曰之方也東方之行木曰在木中東之義也

東之疑

𣗥聲義俱闕曹从此鄭衆仲曰川出門也臧曹切

杲子浩切曰之甲昔也亦僭用蚤

莫莫故切曰叔昬也从日在茻中昬莫之義也別作暮再加曰非又轉爲末各切冥莫闇也

詩云葛之覃兮維葉莫莫上蔽也與幕通宗莫幽闃也亦作寞又作𡖋嗼暮廣莫遼絕也皆由正義而引之又借用爲艸名詩云彼汾沮洳言采其莫莫故切陸璣曰佀柳葉厚而長有毛刺可鬻埤雅曰莖大如箸赤節其子如楮實冀人謂之乾絳吳越謂之莓子也又借爲無有之義莫末篾靡聲義相近又借爲莫定之義詩云秩秩大猷聖人莫

之又曰舜之懌矣民之莫矣說者曰定也皆末各切

普

普滂古切徧也大明並照普之義也與溥通

易

昜夷益切代易也曰徃則月來月徃則日來東西代明易之義也故从日而豖之㠯月借爲蜥易之易他益切亦作蜴說文曰易蜥易也象形

小五十九

秘書說曰日月爲易象侌昜也一曰从勿按易文與蜥易之形不類蜥易則假借也

又借爲弖易之易㠯豉切葢其聲與夷相通故義亦近之弖易斷不難矣故又爲難易之義易斷忽之矣故又爲慢易之義別作傷說文曰輕也又作敡說文曰侮也又借爲易治之易孔子曰喪與其易也寧戚孟子曰深耕易耨又曰易其田疇

昔　晉　曙

昔 思積切乾肉也上取諸肉从日吕晞之借為古昔之昔本文為古昔之昔所擅故俗書乾昔之昔為腊加肉焉吕别之子反生毋牪矣又作腊

日之齰聲

國名臸聲

晉 即刃切易曰晉進也明出地上晉用爲

曙 常恕切旦始明也

昉　昕　倝　朝

昉分兩切始明也

昕許斤切旦明也士昏禮曰凡行事用昏

昕

倝古案切說文曰日始出光倝倝也㫃聲

倝之龤聲

朝陟遙切旦也古者朝而眐政百官咸見故朝見曰朝夕見曰夕直遙切眐政

幹

受斡之地因謂之斡亦作晃

幹居寒切涇呑也亦通作乾唐本說文曰幹涇之幹也徐本無幹字又作澣借爲文幹之幹古案切通作榦幹者文之所宗故引而申之城築之植木謂之幹人之軀幹謂之幹脅骨謂之幹骨易曰幹父之蠱又曰貞者事之幹義皆取諸此

大日六十五

卯

晨　曉　尞　晤　昭

晨植鄰切旦也許見晨下

曉呼鳥切明辨也昕曉同聲又作曉說文曰日之白也从白

尞力照切明徹也尞聲說文曰从火从眘眘古文慎祭天所吕慎也按許氏說牽彊而不通別作瞭

晤五故切明也

昭之遙切明著也宗廟之禮合食于祖少

晢　晃　昄　晟

昭又穆昭位於北墉下向牖而明故因謂之昭〔别音韶説者謂避司馬昭諱又作佋〕

晢之舌切昭察也書曰明作晢又旨逝切易曰明辨晢也詩云明星晢晢〔别作晣〕

晃胡廣切日光爍耀也〔楊雄賦作爌〕

昄補綰切詩云爾土宇昄章〔毛氏曰大也〕

晟承正切又平聲曰精光充盛也楚辭曰

内厚質正兮大人所晟又曰高辛之靈晟申包胥之乞晟

曦 旻 昦

曦虛空切赫曦明盛也别作爔

旻眉巾切天曰精明也詩云旻天疾威孟子曰舜号泣于旻天說文曰秋天也秋天精潔此說近之又曰仁閔覆下謂之旻仁閔覆下从日無謂或作旼

昦戶老切天曰高明廣大昦昦如也又作

曠　晏　曔

皞古少昊氏亦作少皞孟子曰王者之民皞皞如也通作顥說文曰旾爲昦天元气昦昦也皞皓旰也孔安國曰昦天气廣大也昦之从天介之譌皞从白日之譌也

曠苦謗切日精無云天穹空明也

晏烏諫切日向中天气晏溫也引之爲晏溫爲昷晏又引之爲晏安別作暥

日九十五

曔都昆切又他昆切日初出昫物也

卲

昫　旭　㬉　晅　㬮

小六十九

昫況芋切日气温昫也記曰昫嫗覆育萬物與欨通詳見欨下又作煦

旭許玉切冬日之温也

㬉乃管切温㬉也又作煗按書傳晅㬉煖煗多互用侗謂从耎者乃管切从爰从亘者許元切況晚切

晅許元切㬉晅也別作煖又作暄

㬮乃昆切温㬮和昫而不煦也孫愐曰奴案切按說

暑　暘　晴　晛

文㥏讀若水温䙖孫氏曰乃昆切今俗語水温䙖實乃昆切

暑舒呂切夏日气熱也

暘与章切日出昜明用事也

晴慈盈切雨霽日出也別作夝說文曰夝雨而夜除星見也又作暒史記天官書天精而見景星韋昭曰精謂青朗漢書作暒鄭璞曰暒雨止無云也徐鉉曰今作晴非按晴乃今世所通用夝从夕無義古單作精

晛形甸切会而日見也或曰日气也詩云

見晛曰消

旱　旱下旰切又上聲悍暘也

暴　曓薄報切日猛煦也𣎼聲又作[illegible]麃聲又作暴夲聲暵物於曰謂之暴蒲沃切别作曝說文曰暴从日从出从収从米晞也侗謂許氏之説破碎牵彊麃夲皆蒲報之聲非蒲沃之聲暴煦乃本義也

曬　曬所戒切暴物也俗作晒又抽知切漢書曰

晞　景

白日曬光

晞香衣切乾也

景居皿切日光所照物之侌爲景周官曰土圭測景日至之景尺有五寸詩云景山與京又曰既景乃岡莊周曰罔兩問景俗作影顏之推曰葛洪始加彡讀於景切且曰景爲光景非也又詩云㠯介景福鄭氏曰大也又曰景行行止毛氏曰大也鄭氏曰明也

顥　晷　映　昃

小五十

又曰景命有僕毛氏曰大也

景之龤聲

顥胡老切楚辭曰天白顥顥說文曰白皃从頁按頁乃聲也

晷居洧切日景之晷度也

映於敬切光燿隱映也

昃阻力切日過中而側也別作仄昃

旰　晚　昏　晻

旰古案切日晏晚也

晚縛遠切日薄莫也

昏呼昆切日入向晦也唐本說文从民省徐本从氏省晁說之曰因唐諱民改爲氏也晁說旻之古者娶用昏旹故嫁娶謂之昏別作婚昏於目昏於心者皆曰昏別作

昬惛怋涽婚眂

晻烏感切日光爲云侌所掩也漢書亦㠯此爲闇

曀　昧　暗　晦　暈

曀於計切曰爲云会所蔽翳也

昧莫佩切不明也又作眛佅

暗烏紺切又於禁切昏昷也古通作闇别作窨說文曰地室也

晦荒內切曰全蔽無明也三旬之晦月之明盡故亦謂之晦

暈王問切气口曰也

旹 旬 旾

旹辰之切日之𣅀度也旾秋冬夏一歲之旹朝莫晝夜一日之旹又作時假借之用其義爲是書云旹乃功又曰咸若旹

旬常倫切十日爲旬勻省聲又作𠣬

旾樞倫切歲有三旹旾爲旹首古亦作萅艸生旹也說文無旾字艸部有萅推也从艸从日屯聲䖵部有蠢古文𢧢也从𢦏从旾㠯此明之當作旾

大百六十九

朞　晬　昨　曩

小三十九

朞居其切复其旹曰朞日行三百六十有六日則复其初度謂之朞季月行十有二月而歲周謂之朞月又作□从人从月（俗作期）又作□从人禾與季同義約旹為朞渠之切

晬子內切周季也

昨在各切徃日也

曩奴朗切徃日也

暇　昵　暬　暍　昶

暇胡嫁切从事之閒旹也

昵尼質切韓夕親近之謂昵亦作暱又作⿰目匿

暬私列切昵也詩云曾我暬御說文曰暬狎習相慢也侗謂褻狎之褻从衣暬乃从日非褻慢之謂

暍於歇切中暑也

昶丑兩切說文新附曰永也按永乃聲俗書也

日之疑

大百十六

昜

昜与章切昜明爲昜侌暗爲侌天地之道侌昜而已矣昜从日侌从云因象㠯著義侌昜之義居可識矣昜籒篆鼎文說文曰从日从一从勿開也一曰飛揚一曰長也一曰彊者衆皃鄭斂仲曰从旦从勿太昜𠦝升勿勿然摵皃侗按二說皆乖離韋彊

昌

昌尺良切於書傳爲昌明爲昌盛顯大之義也說文曰从曰从曰笑言也一曰曰亮也昌籒文按昌之从曰與从口皆不

晶　㫐　冥

可曉或曰連日精明爲昌連三日爲晶故昌从累日而晶从三日亦未安

晶 子盈切 說文具昌下

㫐 烏皎切 說文曰望遠合也从日从匕匕合也讀若窈窕之窈

冥 莫經切 於書傳爲瞞冥滿海水深冥故曰冥海 別作溟 又上聲曰入也 別作瞑 又莫歷切 周官冥氏掌設弧張爲穽擭㠯攻猛獸 說文曰冥幽也从日从六冂聲曰數十十六日而月始虧幽也

晝　昆

小日四十九

晝陟救切自日出至日入爲晝說文曰日之出入與夜爲界从日从畫省按此說鑿而不通

𣅽古渾切於經傳爲昆弟昆兄也又作罤又爲後昆書曰垂裕後昆又曰昆命于元龜孔氏曰後也按書言後昆則昆不可訓後又爲昆蟲記曰昆蟲毋作說文曰昆同也从日从比又作蚰曰蟲緫名也讀若昆說具蟲下又爲昆侖渾淪之象也義取其聲四方之山

隮煕渾轂故謂之昆侖別作崐崘俗呼昆侖昆或讀如鶤或讀如汨義皆如其聲

月

魚厥切太侌之精著象亏天者也月有盈闕象其闕㠯別於日也月行三旬而與日會曰朔朔而明明始生十有五日而朏朏而盈既盈而明始消又十有五日而晦晦明盡也晦而复朔故自朔至晦謂之一月月所㠯名也

夕　多　夥

月之指事

夕祥亦切曰始入昔也取月半見之義

夕之會意

多何切義不待繹說文曰重也夕者相繹也重夕爲多

多之諧聲

夥乎果切說文曰齊謂多爲夥史記曰夥頤涉之爲王

夜　夢　夙

夕之諧聲

夜羊弢切又羊庶切日入爲夜亦省聲

瞢旨忠切昏不明也又去聲爲夢寐之

夢寐中有見也說文作寢从宀从爿夢聲夢非寐不應从爿又

莫滕莫亙二切夢夢無明也詩云視天

夢夢別作懜

夙息逐切未明而作也夙聲亦會意又作

大百廿

明

𠈓𠈓說文
曰古文

夕之疑

夗於阮切說文曰轉卧也从夕卧有卩也

月之會意

朏芳尾切月初出也書二月既朏越六日

乙未三月維丙午朏實朔之三日

月之龤聲

夗　朏

朔

霸

朔所角切月之初一日也引之為初義俗為朔方之朔北方也

霸普伯切月之明也與魄通易之精曰魂会之精曰魄曰易而月会故月之明謂之魄周書紀月其名有三曰朏曰哉生明曰既生魄曰旁死魄夫哉生明者月始生初三日也既生魄者月既生明之翌日也旁

大百卌六

朏魄者下弦也鄉飲酒義曰月三日則成魄三月則成旹揚雄曰月未朙則載魄亏西既朙則兑魄亏東說文曰月始生霸然也承大月二日小月三日孔安國曰明消而魄生旁朏魄者朔月之翼日近朏魄也生明者又翼日朏也生魄者十五日之後也馬氏曰魄朏也月三日始生兆朏名曰魄按如孔氏說明消而魄生則自朙後至晦朔而魄始全烏㝵反謂之朏魄朔謂之魄朏則朙亦可謂之明朏亏但如馬氏與許氏說魄與朏同皆爲始生之名則又不㝵有朏魄之稱亦未

免於少辠也罸說文曰古文又必駕切僭爲霸王之

霸與伯通漢志霸水出京兆藍田谷北入

渭顏師古曰秦穆公更名曰章霸功別作灞

亙

亙古登切月弦也工聲詩云如月之亙引

而申之凡引之弦直者皆曰亙楚辭所謂

亙瑟是也別作絚緪又引之則竟兩端曰亙去

聲別作緪𣚍非說文恆在二部曰常也从心从舟在二之間上下心以舟施恆𣚍

朚

佐、十九

在木部竟也古文作亙徐鍇曰舟竟兩岸亙古文从月引詩如月之亙按許氏徐氏之說㫐曲而不通古文从月乃見於亙之下其義炳然从舟月之譌也

朚扶放切月與日遙相對也又作朢大幸月行與日合則明盡厺之極遠中天相朚則明完自朔己徃厺日漸遠則明生由是日長己至於朚而盈自朚己徃還漸近日則魄朏由是日減己至於晦而盡在朔朚

遠近之中則月魄生能遷及半故謂之亟而在下旬又謂之旁能魄引而申之凡相朙者皆曰朙其从人𡈼者㠯言人之跂而望也別作𦣠朢說文朢在𡈼部月滿與日相朢臣朝君也从月从臣从𡈼𡈼朝廷也又作朢望在亾部出亾望其還也从亾从朢省按易㠯月幾望爲疑於易曰月遙相望不見謂之臣朝君𡈼之爲朝廷亾之爲出亾皆牽彊無義其从臣者亾之譌也引之則朢望於人者亦曰望別作謹說文曰責望也

有　朗　肭　朓

又乎聲

有云九切。伯曰：月自無而有，故有有之義。取馬

朗盧黨切。月明也。別作朖、脼

肭孫愐曰女六切。說文曰：朔而月見東方謂之縮肭。按从内與孫氏音不劦，若非肉聲則孫音誤也

朓土了切。說文曰：晦而月見西方謂之朓

曐　曑

曐曐桑經切天之庾曜也古單作○爲其嫌於日也故象其𠂢爲曐隸書與品亂故又龤之㠯聲而爲曐品之譌爲晶晶乃爲曐又省爲星非

曐之龤聲

曑曑所今切毛萇曰伐也三曐天官書曰曑爲白虎三曐直是也爲衡石下有三曐兊曰罰罰即伐也孟康曰白虎宿中西直佀衡罰在曑間上小下大故

大、五十二

曰兇兇

古䫉字

佐五十七

鼎

𪔂莫飽切虞書曰日短星鼎孔安國曰白虎之中星也天官書曰鼎曰髦頭胡星也爲白衣會

𪔂

𪔂力求切又力久切詩云嘒彼小星維參與𪔂肅肅宵征抱衾與裯毛萇曰𪔂也天官書曰𪔂七星陸氏音𪔂誤也𪔂與裯合韻

曟

曟植鄰切說文曰房星也亦單作辰周語曰農祥晨正曰月厎亏天廟土乃覛發又曰辰馬農祥也韋昭曰謂房心星也心星在大辰之次爲天駟故曰辰馬大旹之曰房星辰正於午而農事起故謂之農祥說文曰或作曟按辰从日乃辰曟之辰說文又有晨字昧爽也从臼从辰臼辰爲晨猶夙夕爲𡖍也農从晨按臼乃日之譌辰其聲也臼辰之說鑿而不通

曟之䚡聲

大、十二

農

農奴冬切田事也晨爲農祥故从晨省囟聲說文从晨耕也囟聲𨐗籀文𨐗古文徐鍇曰从凶乃㝵聲按農與盥皆㠯囟爲聲囟囟聲自爲一字今闕其音義尔

云

云云王分切地气上騰爲云也云古文象其絪緼騰起云从上象云气上騰云偺爲云曰之云云與曰聲相通故其義亦同又作雲云不便於隸書而云爲偺義所奪故加雨爲雲

会　靉　靆　雨

云之諧聲

侌侌於今切。云蔽日也。又作霒。侌之所覆曰会。

会厺聲。別作陰。

靉倚亥切。靆蕩亥切。靉靆，雲屯聚皃。又作曖曃。

雨雨雨王矩切。地气升爲云，天气降爲雨。說文曰：水从雲下也。一象天，门象云，水霝其閒也。又厺聲。詩云：雨我公田。旾秋曰：雨螽亏宋。

𩂣 霝

雨之象形

小六十五

𩂣蒲角切雨冰也別作雹

霝郎丁切雨隊也㗊象形或曰㗊聲別作零說文

霝雨零也㗊象零形零餘雨也別作零蓤蘦偺爲囱霝之霝別作

櫺𣟴偺爲霝龍之霝別作靈瓏舟有囱者車有囱

者皆謂之霝旾秋傳陽虎載囱霝而逃別作

𦪈轜舲

霏　⿱雨乑　霢　雱　霅

雨之龤聲

霏甫微切雨紛飛也別作⿱雨飛

⿱雨乑職戒切說文曰小雨也通作⿰氵乑

霢莫獲切霢沐小雨也詩云益之以霢沐既優既渥沐亦作霂

雱鋪郎切雨雪滂下也與滂通別作霶

霅士甲切驟雨聲類篇又色甲切⿲木冂攴也漢書霅然易開今作

霖　霽　雪　霰　露

霅言省聲

霖力尋切凡雨自三日已往爲霖

霽子計切雨止云收也

雪相說切雨遇寒凝而爲雪也省文作雪

霰穌甸切稷雪也詩云如彼雨雪先集維

霰別作霓

露洛故切天清明則夜气降而爲澤曰露

霜 震 電 霆

有雲則無露

霜師莊切露寒而凝爲霜也

震章刃切雷出震動萬物者也說文曰𩆝籀文

電堂練切叔雷則先電昜气激而有光也

霆特丁切記曰神气風霆風霆流形呂氏旾秋曰爲木草之聲則若雷爲金石之聲則若霆爾雅曰疾雷爲霆呂是觀之其聲

㐆㐆若雷然者雷也其聲鏗訇若霆云者霆也猛㬥辟歷者震也通謂之雷說文曰雷餘聲鈴鈴所㠯挺萬物按旾秋大雨震雹穀梁氏曰雹霆也

霓

霓研奚切又倪歷切說具虹下別作蜺

霚

霚亡遇切說文曰地气發天不應曰霚別作雺霧

霿

霿莫弄切說文曰天气下地不應曰霿霿

晦也

霄

霄相邀切孫愐曰近天气也說文曰雨霰為霄

霾

霾莫皆切雨土翳埋也

霞

霞胡加切云气㪔薄朝夕之曰光叚之赮赤也漢書單作赮又見火部

需

需汝朱切雨沾需也別作濡又相俞切易曰云上於天需需須也而非須之聲沾需為本義

大曰五十四

王

霤

霤力救切宇水所流也宮中宇水所流爲中霤記曰浴於中霤三宇之水皆流中廷故中廷亦或謂之霤又曾子與子貢弔於季氏涉內霤又作溜左氏傳晉士會諫靈公三進及溜別作廇說文廇中廷也徐鍇曰屋檐滴雨爲霤其地謂之廇非

雩

雩羽俱切祈雨舞禜也或作𦐱

靁

回魯回切昜气動於下旁薄鬱勃奮而有聲曰回回別作靁䨻𩆦說文二字皆古文靁說文曰籒文俗省作雷侗謂隸書从靁之凡擊者曰辟歷漢書說文皆僾當爲靁俗用辟歷俗作霹靂

靁之會意

亘

亘須緣切爷越也靁行上下之間亘之義也

小廿𠃌

六書故弟二

孫夆謹校

六書故弟三

永嘉戴侗

天文下

火

火許果切又許偉切南方之行炎而上曰火

象形

火之會意

炎

炎亏廉切火埶盛炎上也从兩火

尞　黑　熏

炎之會意

尞力照切燔艸木也書曰若火之尞于原别作燎說文曰放火也又作爒說文曰炙也又作𥛱尞祭也

黑呼北切積煙之色也从炎从囪囪突上囪霝煙所積也

黑之會意

熏許云切煙火上出也从出从黑省别作燻

黔

熏者火之⿰木熏其气亦黑故色之亦黑者謂之熏別作纁⿰衤熏⿱穴熏日之叔冥其色亦黕故謂熏黃別作曛楚辭曰與纁黃㠯爲期飲酒者暢於頭目三交亦謂之熏別作醺目之闇者亦曰熏別作矄

黑之龤聲

黔巨淹切又巨令切黑也易曰爲黔

黚　黟　黶

喙秦謂民黔首

黚巨今切說文曰淺黃黑色也別作⿰黑禽⿰黑戠

黟煙奚切又於夷切桼色黑而澤也亦作黳說文黳小黑子也黟黑木也按黟从黑几黑者皆曰黟不應黑未別擅此名髮之黑澤別作⿱髟多馬之黑別作⿱殹馬竝非

黶烏閑切聲義與黰通史記天官書曰黶然黑色甚明蓋黑而有光澤也

黝　黲　黱

別作黝

黝於糾切黑色深黝也說文曰微青黑色也周官陰祀用黝牲又曰其祧則守祧黝堊之鄭司農曰讀若幽幽黑也

黲七感切淺黑也

黱迠㝵切又迠耐切青黑色也用為畫眉墨亦作黛唐本說文曰或从代徐本說文無黛字

䵣　黤　黯　黶

䵣當割切說文曰白而有黑也

黤於敢切侌黑也亦作黭徐本說文曰青黑也唐本曰果實黭黮也別作䵘䨄

黯烏減切說文曰深黑也一說黯黶特一字別作黬䵘

黶乙減切說文曰中黑也又倚琰切黑子也

黮　⿰黑敢

黮徒感他感二切黭黮之象如其聲又他減切黯黮之象如其聲又徒監切黮⿰黑敢雲起濃黑皃又石荏切詩云翩彼飛鴞食我桑黮桑實黑孰故名之亦作葚詩云無食桑葚亦知林切又作椹

⿰黑敢徒敢切黮⿰黑敢黑乞屯濃也又作黰

大一百三五

𪐗 黕 點

辻戴切別作[黑隊]霰[雨隊]靆

𪐗都故切濁黑也

黕都感切說文曰滓垢也楚辭曰或黕點而污之又陟甚切污黑透漊也又作黵

點多忝切班班小黑也曾點字皙猶端木賜字貢或作[黑蔵]已無義因之又作黬[黑韱]說文曰[黑韱]雖皙而黑蓋因曾點字皙而誤也又都念切

黠　儵　黨

黠功八切說文曰堅黑也僞爲慧黠狡黠之黠又下八切

儵直鳩切又式竹切說文曰青黑繒發白色也僞爲儵忽之儵楚辭曰儵而來兮忽而逝謂倏闇感忽不可知也

黨他朗切說文曰不鮮也別作黨因之

爲爨來爨或之義漢書曰爨可已徵卒亦謂出於攸闇不可知也因又爲俶爨之爨別作倘儻又僭爲匆爨之爨多郎切鄉爨之名生焉五乑二百五十家爲爨別作攥鄹說文曰攥匆群也伯曰鄉爨之爨當从里譌爲爨

黴

黴府移切中久雨青爨也

䵎　黓　黷　黜　⿰黑沓

䵎古旱切面䵎皯也別作皯

黓逸織切爾雅曰太歲在壬曰玄黓

黷辻谷切汚也亦通用瀆

黜敕律切擯斥汚闇也書曰三考黜陟幽明別作詘絀說文曰絀絳也

⿰黑沓遝合切墨也晉竿曼州里稱爲⿰黑沓

伯

黥　燄　粦

黥渠京切有罪者吕墨涅其面也別作勠剠

炎之龤聲

燄吕漸切火之騰起者爲燄書曰無若火始燄燄別作焰爓銛說文曰燄火行微燄燄也銛火光也

粦良刃切列子曰馬血之爲轉粦也人血之爲埜火也說文曰兵死及牛馬之

血爲粦別作燐

焱

焱甫昭切火埶猛盛也故从三火孫氏呂丹切又吁臭切淮南子曰追焱歸忽漢書曰雷動焱至又曰猋風涌而雲浮又曰武節焱逝說文曰火𠌶也高誘曰焱炎中有景者按諸說焱乃飈也漢書曰鑿坎寘熅火顔師古曰火無焱也與猋多互用

焱之疑

熒

熒戶扃切火光熒煌不定也冂聲說文曰屋

小[illegible]廿九

下登燭之光从冂从焱一說冂聲按熒兩火在冂上非屋下之義也伯曰屋下有火其光上出熒熒也

赤

赤 昌亦切伯曰大火之色也从火从大會意或曰亦省聲

赤之會意

赫

赫 呼格切火盛大赤也又作爀楚辭曰逴龍赩只

赧

赧 女版切面慙赤也亦作赧

赬　赭　赮　炙

赤之龤聲

赬止成丑成二切赤色也又作䞓士喪禮爲銘經末舅駟曰淺赤色也別作赪浾泟緽

赭之也切赤炙色也

赮何加切赤雲气也漢書雷電赮蚕辟歷夜明者易气之動者也按此即霞字霞不當从雨

炙之石切肉在火上炙之義也肉之既炙

炊　燁　煽

爲炙之夜切又作𤆍夕聲

燒昌垂切火气飄物也說文曰爨也吹省聲

燁勻輒切火之燁采燁然別作曅爗說文曰曅光也从日从華爗盛也从火曅聲俗又作曄偭謂曰火同光若燁若煇若熯若燿皆兩从火曰然取義於火爲九精霰故定皆从火

煽式戰切火得風愈熾也从火从扇煽之

灰　然

義也扇亦聲詩云豔妻煽方処別作傓說文引詩豔妻傓方処

灰呼回切火已爲灰从又火滅可持也火之龤聲

然如延切火始爇也亦作𤎅又作難俗爲然否之然然之與是聲相通也又爲若然之然然與如若聲相通也正義爲俗義所奪火然之然加火爲

焫　燓　燔

燃非

焫如悅切燒也記曰焫蕭合羶薌亦作爇

傳曰魏犨爇僖負羈氏說文曰蓺聲徐鉉曰說文無蓺字

燓附云切燒也亦作焚从楙省

燔附袁切燔猶燓也炙肉於燄因謂之燔

詩云炮之燔之燔之炙之傳曰與執燔焉別作膰鐇

燒　燬　爟

燒式昭切燒樊焫其義一也又去聲

燬許偉切樊之盡也別作焜說文曰燬火也焜亦火也引詩王室如焜

爟周官司爟掌行火之政令亖旾變國火

呂氏旾秋曰爟已爟火說文曰取火於日官名舉火曰爟周禮故書曰燋杜子旾曰燋亦書爲爟爟爲私火康成曰讀如予若觀火之觀今熒俗名湯爇爲觀則爟火謂爇火與陸悳明音古喚切侗謂康成爇火之說無理叔重亦

大一百廿一

緣周禮而妄說己呂氏旾秋龠之旻非新火之名乎疑火當作爟漢書所謂爟火疑而祠若光輝屬天蓋己桔橰疑火若爟之柱衡也

炮

炮步交切火中完𤎩牲豚也說文曰毛炙肉也亦作炰周禮曰歌舞牲及毛炮之豚康成曰毛炮爓去其毛而炮之詩云毛炰胾羹又曰炰鼈鱠鯉記曰炮取豚若牂刲之刳之實棗於其腹中編萑己苴之塗之己堇塗炮之又曰後聖

有作肰後修火之利㠯炮㠯燔㠯亯㠯炙康成曰炮裹燒之也按挂之孰亯者乃先去其毛既去其毛何㠯言毛炮内則所言明矣康成所謂裹燒是也大率上古始有火㠯故炮燔之事爲多令人取完殺雞豚孰黄泥㠯摶之而煨之比其孰也則毛與泥俱脫所謂毛炮也

烙

烙盧各切肉類著釜中烙之或燒鐵㠯烙物也

煼

煼初爪切鬲中烙物也亦作[illegible]又作炒𤎆[illegible]

熡　灼　煨　燀

熡伯各切著釜中熡孰也

灼之若切㕙火焫物也又爲章灼爨灼之義書云灼亏三方又曰灼見三有俊心詩云灼灼其華章灼同聲又作焯又通作炤詩云亦孔之炤

煨烏灰切灰火中孰物也說文曰盆中火

燀旨善切爨言也傳曰燀之以薪又因之爲燀熱之義爨旱切呂氏春秋曰衣不燀

爓

爇謂過爇如焚也

爓詳廉切又盧咸切燒湯也徐本說文曰火門也不可曉唐本說文曰火爓爓也凡㠯湯煮物皆曰爓記曰大饗腥三獻爓一獻孰謂瀹之於湯未至孰也鄭康成曰爓沈肉於湯也今人呼若藍古僭用尋旾秋傳吳子請尋盟子貢對曰若可尋也亦可寒也又作燅禮曰乃燅尸俎康成曰温也古文作尋或作㷋說文曰燅湯中瀹肉也

卯

𤎅　熬

小一百四十六

或作𤆵从炙又作燂記曰燂湯請浴說文燂火熱也陸德明曰溫也又作煔楚辭曰烝鳧煔鶉朱子曰瀹也又作緂煝類篇皆曰湯瀹肉也又作臑按爛字冣襍糅而其義實一从坴从炙从炎者皆無義故不取

𤎅 从䰞切少汁而煮之久曰𤎅𤎅之既成曰𤎅太聲

熬 五刀切涸𤎅曰熬說文曰乾𤎅也或作𪌉熬器曰熬太聲別作鏊

烝

烝煑仍切水气旻火而上行也引而申之悳㠯所馴如气烝物書所謂烝烝又昰也說者㠯爲進進非也淫上者謂之烝晉秋傳烝亏宣姜是也气之所烝禨祥畢達故有眾義焉有盛多之義焉詩云天生烝民又曰南有嘉魚烝然罩罩蜎蜎者蜀烝在桑埜翩翩者隹烝然來思皆此義也三旹之祭惟烝

可㠯備物祭莫盛於冬故冬祭曰烝周官中冬獻禽㠯亯烝康成之說亦云然假借之義二詩云瞻彼中林矦薪矦烝烝薪薪類也又作蒸又云毋有良朔烝也無戒烝烝與正聲相通猶言正尒也又上聲涇乞所烝壞也

炕

炕口浪切炕猶焅也又作炊又虛郎切燥而

張也爾雅曰安宮櫆棄晝暠宵炕

焅　焅口到切焅乾之也又号聲

煏　煏弼力切从火逼乾物也别作𪏲𥻦𥣬僓

焢　焢呼東切火上焢物取燥也又作烘詩云樵彼桑薪卬烘于煁别作灴焢

焙　焙蒲妹切烘也

煬　煬弋亮切火旁烘物㠯火气揚之也莊周

大一刁廿九

焌　灸　烓

曰煬者避竈

焌倉聿切舉火小灼之也周官菙氏歛其焌契吕授卜師杜子春讀爲英俊之俊鄭康成讀如戈鐏之鐏謂吕契拄燋火而歛之也說文曰然火也又祖寸祖管二切又作焠荀子有子惡臥而焠掌

灸舉又切灼艾也

烓說文曰行竈也爾雅疏曰無釜竈也然火吕照物若今行竈孫愐曰口迥切按漢博士有烓欽蘇林曰音桂桂氏尒譜曰桂貞爲秦博士避秦坑儒

改姓香其孫避地又改从日从火弟三子居幽改爲烓又囦畦切按烓炔香炅涓熲顈炯褧紛然殽亂當㠯涓惠切爲正

煁

煁市林切詩云卬烘于煁毛氏曰烓竈也郭璞曰今之三隅竈也

熭

熭于歲切束槁起火也賈誼傳曰中必熭蓋取明火於日也或曰會意顏之推讀若㬥曬之㬥非

燧

燧徐醉切㠯鏡取火於日曰金燧鑽木取

火曰木燧亦單作遂周官司烜氏掌㠯夫遂取明火於日（别作鐩）又作隧塞上候望者有寇則㠯桔槔舉火傳警曰烽燧（别作隊㷭）侗謂烽燧之燧非有異義也候望者不能常種火有警則燧㠯然火而舉之故謂烽燧

熢叀容切烽燧也（又作㷭）

炬其呂切束葦然火㠯照夜也（説文作苣别作苣）

燭　爝　燋

燭之欲切束爇灌以膏蠟以照夜也

爝子肖切莊周曰日月出矣爝火不息呂氏春秋曰湯見伊尹爝以爟火說文曰炬火祓也別作爟又即約切

燋慈焦茲消子肖三切周官菙氏掌共燋契凡卜以明火爇燋遂龡其焌契士喪禮楚焞置于燋記曰執燭抱燋說文曰燋所以然持火也鄭康成曰燋炬也所以然火者也又曰未爇曰燋楚焞契也所用灼龜侗謂楚焞以

㷋　煻　熾

剕爲焞卽炬也可㠯然火不可㠯灼龜禮言楚焞置亏燋則燋爲承炬之器叔重之說近之葢然炬㠯照必有器㠯持之如康成之說則旣曰執燭矣又曰抱炬可乎爇燋猶言燒竈也伯曰燋卽鐎斗之鐎也

㷋在詣切火在灰中也楚辭曰信讒而㷋

⿱奴火說文曰吹餔⿰火矣也

煻徒郎切灰火也

熾昌志切火勢盛也說文曰⿸戠火古文

烈　烋　焞

烈力孽切火猛盛也因之爲功烈之烈言其功業赫盛也

烋虛交切火聲埶烋熇也詩云女炰烋亏中國

焞他昆切火埶騰突也又吐雷切詩云嘽焞焞如霆如雷又士喪禮卜曰楚焞置亏燋（鄭康成曰所㠯灼龜者又作煓）

爞　爛　熇

爞徒渾徒官二切火聚而熾也漢有爞煌郡漢書單作敦煌

爛郎旰切火洞徹也詩云明星有爛又曰錦衾爛兮物㬰火而潰韏亦謂之爛故爛有二義爲煥爛爲韏爛别作燗爤糷瓓

熇火屋火各二切火聲埶熇然也詩云多將熇熇不可救藥又虛交切與烋通

爂

炟

爂卑搖切火焱發也又鋪昭切火飛起也呂氏春秋曰突洩一爂而焚宮燒積因之爲爂輕爂⿰歹兵之義匹紹切周禮曰輕爂用犬與剽通又爂搖平聲說文从𡿺與䙴同意按从𡿺既無義加一亦無說乃𩔰聲譌爲𡿺尒別作⿰火爂⿰忄爂⿰人爂⿰女爂⿺辶爂說文爂火飛也⿰火爂又火飛也⿰忄爂⿰歹兵也⿰人爂⿰女爂皆輕也⿺辶爂輕行也漢書爂輕爂姚焱單作爂又別作⿰忄爂說文曰⿰忄坐⿰忄奄⿰忄爂搖也

炟當割切火气赫脅也

大一百四十六

焄　爁　爆　炐　焮

焄許云切火气也記曰其气發揚于上爲昭明焄蒿悽愴鄭康成曰焄謂香臭也蒿气烝出皃也侗謂焄初無香臭義史記王温舒巧詆下戶之猾㠯焄大豪焄與熏殆一字也

爁盧減切火燄所攬及也又平聲

爆北教北角二切火迸烈有聲也

炐匹降切完物遇火張起也

焮香靳切火气所薰炙也別作炘傳曰行火

烜　熯

所焮

烜易曰日㠯烜之陸氏况晚切又香元切京氏曰乾也別本作晅古鄧切周官司烜氏掌㠯夫遂取明火於日㠯鑒取明水於月中春脩火禁康成曰火也讀如燬

熯呼旰切火气乾也又作暵易曰燥萬物者莫熯乎火説文曰熯从火漢省聲漢从水難省聲難从隹堇聲徐鉉曰漢从難省當作堇而相承去土从大疑兼从古文𡚁省

燥　燠　爇　灮　燿

燥穌到切夏火而乾也

燠乙六切溫也又威遇切古通作奧

爇如烈切義不待訓

灮姑黃切惟火與日有光能照說文曰炗㷋𡗰古文

光之鍇聲

燿弋笑切光采映照也亦作曜詩云羔求如膏日出有曜又作燿

輝　焜　炫　煥　煒　煌

輝許韋切光采發揮也光則明照輝則

有燿亦作暉

焜胡本切又去聲

炫胡犬切又去聲

煥呼毌切

煒于鬼切說文曰盛赤也詩云彤管有煒

煌胡光切又作熿

六、三十八

焴　爚　熠　炳　烺　熙

焴余六切又作煜

爚余略切焜炫煥煒煌焴爚皆光耀之象

熠域輒切又弋入切火气開闔熠熠也類篇合熠爗爲一非

炳兵永切又去聲或作昞

烺來蕩切炳烺皆光明之象

熙虛其切明也明則廣被故有廣義焉明

熲　照　燾　煇

則熙樂故有樂義焉別作熹𤈦熙又作𡣪說文曰悅樂也

熲古迥切火微明也詩云無思百憂不出于熲亦作炯又作炅說文曰見也又作煛烱又俱永切

照之少切火炎燭物也又作炤

燾𨑒到切炎被也

煇許云切燻火之襍也詩云夜向晨廷炎有煇向晨則炎不能炎而但見其煇也又

佐五十七

熉　熅　炱

王問切周官眂祲掌十煇𠀤涖鄭司農曰光气也漢書率呂煇爲輝非

熉於肓切義不待釋亦作烟

熅於云切說文曰熉鬱也又於漫切按今俗謂熉鬱不徹爲熅勃又烏昆切漢書鑿坎置熅火顏師古曰火無焱也又紆問切與熨通

炱迖哀切縣煤也東甌呼迖魂切

煤 燓 炭 㶳 灺

煤 莫回切積煙也

燓 滋消切燔之近炭也又作𤏁別作燋說文曰雥聲

按雥非其聲類篇或作燓从雔乃旻聲今从之俗又省作焦說文曰𤏁灼龜不兆也

按龜亦音居求切

炭 他案切燔木不至灰則爲炭

㶳 徐刃切火餘也聿省聲別作燼

灺 徐埜切又去聲燭㶳也

大廿九

熸　烕　災

熸慈廉切又奴廉切火滅也

烕許劣切火滅息也詩云赫赫宗周褒姒烕之

災奴來切害火也傳曰天火曰災又作灾火焚室屋也又作烖亦通作菑引而用之凡五行之沴害於物者皆曰災傳曰天反旹爲災又作扷

𤆍　耿　尉

火之疑

𤆍說文曰小熱也干聲徐鉉曰干非聲未詳孫氏直廉切按說文燓籀文燮也从羊羊音飪

耿古幸切小明也詩云耿耿不寐亦爲耿光書云覲文王之耿光杜林說光也聖省聲說文曰耳箸頰也从耳烓省聲

火百十六

尉紆勿切又紆問切盛火於斗㠯案摩舒

示

繒帛也說文曰从上案下也从𡰥又持火㠯㷉申繒也按从𡰥未可曉俗作尉爇因之爲㷉撫之義紆謂切沓秋沓晉始有軍㷉俗作熨

示𥘅𡆨翹夷切周官天曰神人曰鬼地曰示亦作祇凡神示之屬皆从示又神至切顯諟昭示也易曰夫乾確然示人易矣說文曰天垂象見吉凶所㠯示人也从上三垂日月星也示神事也𡆨古文鄭衆仲曰𡆨即楢也象楢形借爲神

社 宗

示之示按日月暈三㐺之象亭彊敫仲近之

示之會意

社⿰礻坐常者切土神也爲壇壝吕祭后土氏樹吕其埜之所宐木故古文从土从木𡍬共工氏之子句龍配食於社

宗作冬切祭祖禰之室也故廟曰宗廟祧曰宗祧祊曰宗祊祏曰宗祏器曰宗器主

小十七

宗廟祭祀者曰宗子曰宗主職宗廟祭祀者曰宗人其正曰宗伯詩云亏呂奠之宗室牖下周之宗廟在豐故豐曰宗周文王之廟在魯故滕謂魯宗國晉桓叔始封亏曲沃其廟在焉故晉人曰曲沃君之宗也亝崔氏之宗廟在崔故東郭偃曰崔宗邑也必在宗主宗乑之所屬也別子爲祖繼

別者爲大宗大宗者百世不䙴同姓之所共宗也繼高祖者繼曾祖者繼祖者繼禰者曰小宗小宗者五世則䙴者也同尒者宗之宗有主道焉故宗主之義無所不通書云江漢朝宗于海海水之宗也

祭

祭子例切从又執肉㠯禮示祭之義也周官祭天神曰祀祭地示曰祭祭人鬼曰亯

祝

通曰祭祀又作祭又側界切祭周邑祭公⿱倉馬别作⿰祭阝

祝之六切辭於鬼神也周官太祝掌六祝之辭已事鬼神示祈福祥求永貞又之又切凡福祝曰祝惡祝曰詛傳曰祝有益也詛亦有損說文曰从示从人从口侗謂空从口省人别作呪

祘

祘義闕說文曰明眂己算之讀若算

神

示之龤聲

神食鄰切精靈曰神凡神由天來者也故別而言之天曰神人曰鬼地曰示合而言之通曰神神昜之爲也鬼侌之爲也其於人也魂其神而魄其鬼也故記曰气也者神之盛也魄也者鬼之盛也人之五藏心藏神引而申之凡虛靈變以不測者皆曰

祖

禰

祧

神易曰神也者妙萬物而爲言也别作䰠說文曰神也

祖則古切王父曰祖自王父已上通稱之引之則凡物之所始皆曰祖田祖馬祖之類是也行亦有祖犮行而祭之曰祖道

禰泥米切又漫曰禰

祧他雕切周禮安祧奄六人女祧每廟二

人掌守先王先公之廟祧其遺衣服藏焉若將祭祀則各以其服授尸其廟則有司脩除之其祧則守祧黝堊之祭法曰王立七廟曰考廟曰王考曰皇考曰顯考曰祖考遠廟爲祧有二祧亯嘗乃止去祧爲壇去壇爲墠去墠爲鬼聘禮曰不腆先君之祧既拚以俟矣鄭康成曰興主所藏曰祧先公之興主藏于后稷之廟先王之興主藏于文武之廟諸侯無祧藏于始祖之廟聘禮曰不腆先君之祧始祖廟也按周官女祧每廟二人則廟皆有祧非特后稷文武之廟爲有祧

大四十三

也且尸必服其遺衣服已象存也祀遠廟者猶然而祀新廟者獨不然兮祭法後出殆未足信也且祭法右祧爲壇祧乃毀之漸而稟成已謂后稷文武之廟祭法諸侯無祧而稟成已始祖之廟爲祧祭法王有二祧而稟成已后稷文武之廟爲祧是三祧也稟成之說卬又倍兮祭法矣倜謂聘禮受諸祖禰之廟辭曰不腆先君之祧謙辭也不旻反僭王國之稱傳曰紇不佞失守宗祧子羽曰其敘夔豐氏之祧已此明之諸侯大夫之廟亦皆有祧也祧葢廟中藏遺衣服之地猶生者之寢經傳未有已毀廟爲祧者已與毀爲祧習間稟成之說者也別作[礻翟]

祏

祏常隻切春秋傳鄭原繁曰先君桓公命我先人典司宗祏杜元凱曰宗廟中藏主石室也又鄭灾使祝史徙主祏於周廟元凱曰廟主石函也又衛孔悝出奔使貳車反祏子伯季子追之殺而乘其車許公爲反祏㝵祏於橐中元凱曰藏主石函也說文曰宗廟主也周禮有郊宮石室一曰大夫㠯石爲主按許公爲㝵祏於橐中非石室亦非石函矣

大百廿六

小百六十九

禖

禖謨杯切呂氏月令曰玄鳥至之日以太牢祀于高禖乃禮天子所御帶以弓韣授以弓矢于高禖之前秉成曰燕以施生旹來巢人堂宇而孚乳嫁取之象也媒氏之官以爲候簡狄吞乙卵而生契後王以爲媒官嘉祥而立其祠焉變媒言禖神之也按娀氏吞卵之說葢因玄鳥之詩而傅會之怪淫不經不可據也高禖之神俗爲求子謏與媒異義鄭氏九鑿闕之可也

禮

禮盧啟切人事之節文曰禮禮莫大於事

祀

禋

鬼神故从示說文曰𥘲古文

祀詳里切禮天神曰祀祀天神者尚臭昜柴炭燔炙爲主歲一祀天故古亦謂歲爲祀別作祀禩

禋於人切語曰精意㠯亯曰禋周禮㠯禋祀祀昊天上帝虞典曰禋于六宗周書曰禋于文王武王

大一、九十一

云谷

禘特計切祭帝之名禮不王不禘王者禘其祖之所自出而㠯其祖配之夫別子爲祖猶果蓏之厷而發生別爲本支也其在殷周稷契是也有天下者旣祖別子矣又推其祖之所自出而禘之報本反始仁之至義之盡也殷祖契而禘帝嚳周祖稷而禘帝嚳是也三代而上所禘皆帝也从示

帝聲亦會意也祀天神莫大於郊祭地示莫隆於社享人鬼莫盛於禘郊禘天子之事宆也故中庸曰郊社之禮所㠯事上帝也宗廟之禮所㠯祀乎其先也明乎郊社之禮禘嘗之義治國其如示諸掌乎祭統曰外祭則郊社是也內祭則大嘗禘是也㠯禘爲祀上帝者非矣郊特牲曰饗禘有

小十二

樂而食嘗無樂酓養昜气也食養会气也故眘禘而秋嘗祭義曰君子合諸天道眘禘秋嘗禘有樂而嘗無樂祭統曰夏祭曰禘秋祭曰嘗禘者昜之盛也嘗者会之盛也古者於禘也發爵賜服順昜義也吕是觀之禘用饗禮主報气而有樂明矣其於眘與夏則不可旻而詳也明堂位曰季夏六月吕禘禮祀

周公於大廟又曰夏礿秋嘗冬烝旾社㠯明堂位言之則礿爲夏祭禘爲特祭非三旾之祭也王制則曰旾礿夏禘諸侯礿則不禘禘則不嘗是諸侯亦禘也殆漢博士諸生之誤與中庸㠯嘗禘爲宗廟祀先之禮祭統㠯大禘爲內祭而康成於喪服小記大傳則㠯爲祖之所自出者感太微五帝之精㠯生木則威靈仰火則赤熛怒之類是也祀之於郊而配㠯稷於祭法則曰祭昊天於圜丘而配㠯嚳也是禘之禮二而郊與禘反爲一也繆矣

祠

大一、十四

祠㠯茲切宗廟之祭旾曰祠周禮曰㠯祠

云谷

小一九十

禴

旾亯先王㠯禴夏亯先王㠯嘗秋亯先王㠯烝冬亯先王詩云禴祠烝嘗按記載禴禘祠旾夏名物錯互當㠯周禮及詩爲正凡祭祀亦通謂之祠

禴㠯灼切宗廟之祭夏曰禴易曰東鄰殺牛不如西鄰之禴祭禴薄祭也方夏物多未成故其祭薄也又作礿

祫

祫矦夾切大合祭也公羊傳曰毀廟之主

祊

陳亏太祖未毀廟之主皆升合食亏太祖
祊補肎切宗廟之祭明日繹於廟門外曰
祊不知神之所在於彼乎於此乎索求之
也傳曰承姓受氏以安宗祊別作鬃又太山
之下鄭湯沐邑名曰祊公羊傳作邴又周官中
秋教治兵羅弊致禽以祀祊秉成曰祊當爲方主祭三
方報成萬物詩曰
以社以方分房切

大司九十九　云

祼

祼古玩切㠯鬱鬯灌也祼所㠯報气也記曰獻之屬莫重於祼宗廟之禮君執圭瓚祼大宗執璋瓚亞祼然後出迎牲又曰周人尚臭灌用鬯臭鬱合鬯臭侌達於淵泉灌㠯圭瓚用玉气也既灌然後迎牲周禮鬱人祭祀賓客之祼事和鬱鬯㠯實彝而陳之灌鬯古之上物𡉚祭賓客用之非特

禪

㠯禮鬼神也本單作灌亦僭用果後人加示

禪旹戰切史記封太山禪梁父項威曰除地爲墠改曰禪神之矣詳具封下又作禫又爲禪易孔子曰唐虞禪夏后殷周繼亦通作嬗史記曰五秊之閒号令三嬗

祈

祈渠希切求亏神也周禮太祝掌六祈一

禱　　禬　　禜

曰類二曰造三曰禬亖曰禜五曰攻六曰
說亦通用蘄
禱都浩切狽祈也又作禂
禬古外切周官以禬禮哀囚敗禬國之凶
荒民之札喪又掌以旹招榎禬禳之事集成
曰除災害曰禬
禜爲命切周官旹秋祭禜傳曰山川之神

則水旱癘疫之災於是乎禜之日月星辰之神則雪霜風雨之不旹於是乎禜之說文禜綿蕝爲營㠯禳風雨雪霜水旱癘疫也康成曰謂雩禜水旱之神爲壇位如社稷

禳

禳汝羊切災害之至祀㠯攘厭之也說文曰磔禳祀除癘殃也康成曰卻變異曰禳

禦

禦魚舉切祀㠯禦沴也引而申之凡扞禦者皆曰禦古亦通用御

禁　祛　祓

小七十一

禁居蔭切伯曰令巫者有禁祝之又切之術禁之類也伺謂禦禦者禦之使不至禁者禁之使不行皆始於巫祝之為故从示說文曰吉凶之忌也承酒尊桉亦謂之禁康成曰命之曰禁吕為酒戒也酒禁之禁別作桀非

祛丘於切祛猶驅除也

祓叓勿切祓猶拂洗祓除不祥也周官女

禊

巫掌歲峕祓除釁浴巫祝桃莿亦祓事也

禊胡契切祓也後漢志曰三月上巳官民皆絜於東流水上曰洗濯祓除去宿垢疢爲大絜謂之禊也風俗通曰禊者絜也蔡邕曰論語莫春者浴乎沂風乎舞雩自上及下古有此禮令上巳祓禊水濱葢出於此杜篤祓禊賦曰巫咸之迖秉火祈福則巫祝也韓詩曰鄭國之俗三月上巳之溱洧兩水上秉蘭艸祓除不祥漢書八月祓霸水亦此義也

禡

禡莫駕切詩云是類是禡記曰天子出征

禂　禨

禡於所征之地鄭康成曰禡師祭也爲兵禱其禮亾或曰祭呂馬牲

禂周官甸祝禂牲禂馬杜子春曰禂也康成曰讀如誅令侏大字也爲牲祭求肥充爲馬祭求肥健又作騳

禨居希渠希二切記沐稷而醴粱櫛用樿櫛髮晞用象櫛進禨進羞工乃升歌又曰歓酒者禨者有折俎不坐康成曰已沐歓曰禨倜謂或有

折俎至於不敘坐胎非巳沐歆康成見進禨在醴沐後遂誤已爲巳沐歆亘盍其禮

亾削子曰楚人鬼越人禨令已爲禨祥別作䰟淮南傳曰吴人鬼越人䰟

祕兵媚切密禬也漢有祕祝

齋

齋側皆切收祭潔屏已致其精明也古單作亝說文曰𪗋籀文

祇

祗旨移切敬也別作禔假僭之義二易曰無

大已四十六　伯大

祇悔詩云無敉大車祇自塵兮又曰亦祇吕異祇攪我心傳曰祇取辱馬猶言迏尒也與止音相近又止諟切令人作只又詩云壹者之來俾我祇也祇猶敬俟也（又作禔漢書曰禔取辱自禔又帀支切說文曰安福也漢書曰中外禔福）

福

福方六切諸吉為福順應也洪範五福一曰壽二曰富三曰康寧四曰攸好德五曰

祿　祉　祜　祺　禧

考終命

祿盧谷切神所富也引之爲穀祿之祿

祉敕里切福也

祜矦古切福也

祺渠之切福也詩云耇考維祺吕介景福

毛氏曰吉也又作禥

禧虛其切福也

大刁四十五

伯大

祏　禍　祟　祥

祏祖故切傳禄亐後也徐鉉曰凡祭有受胙胙神所賚予也引而申之則爲胙土胙國之義古通作胙祏後人所加

禍胡果切諸凶曰禍年譍也别作碣

祟雖遂切鬼爲禍也說文曰䨻籀文

祥佀羊切吉徵也祥與妖對諸吉爲祥三秊之喪二十五月而除曰大祥否而練練

禎　祲

曰小祥

禎知盈切吉徵也中庸曰國家將興必有禎祥按禎恐卽貞也

祲七尋子鴆二切吉凶之氣也周官眂祲掌十煇之法以觀妖祥辨吉凶一曰祲二曰象春秋傳梓慎曰吾見赤黑之祲非祭祥也

祴

祴周官笙師掌教龡竽笙塤籥簫篪篴管舂牘應雅以教祴樂鍾師以鍾鼓奏九夏八曰祴夏杜子春曰祴讀爲陔鼓之陔客醉而出奏陔夏康成曰陔樂九夏皆金奏祴夏葢鍾笙之合祴之本義夏之樂也按笙師所掌皆竹聲通謂祴樂闕之可也孫氏古哀切

禚

禚職略切春秋夫人姜氏會齊侯于禚杜氏曰齊地

孫奎謹校

[redacted]

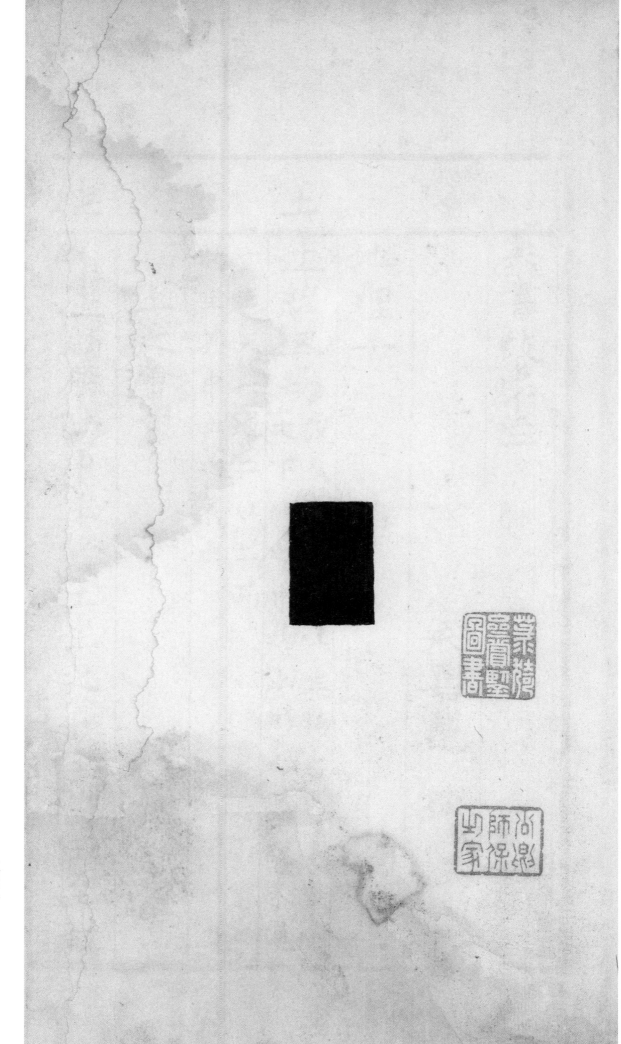

六書故弟三

永嘉戴　侗

地理一

土

土統五切　說文曰地之吐生物者也二象地之下地之中物出形也其說未通一說天一地二从二而物生其中土之義也

土之會意

生

生所庚切中出於土生之義也易曰至哉

甡　產　甤

坤元萬物資生

生之會意

甡疏臻切㚘生也引之爲緐多詩云甡甡其鹿

生之龤聲

產所簡切生也說文曰彥省聲畜產之產別作㹌非

甤儒隹切艸木縈下垂也又作蕤說文甤艸

甤甤也讀若綏豨省聲蕤艸木華垂皃

生之疑

丰

丰叀容切說文曰艸盛丰丰也詩云子之丰兮毛氏曰豐滿也

埜

埜羊褚羊者二切國外爲埜壄古文予聲又作野別作墅

里

里良士切古者步百爲畮三百畮爲里里

小三十四

之數自田始故从田从土孟子曰方里而井井九百畮

釐

釐里之龤聲

釐里之切理也書曰允釐百工又曰帝釐下土又曰承釐東郊僭爲賚予之稱詩云釐爾圭瓚又曰王釐爾成皆賚也釐賚聲相通史記曰帝方受釐受神賚

垚

堇

也（別作奎又虛其切）又僭爲毫釐之釐

垚吾聊切土高也取三土積高之義（又作堯加兀）狀山之高者曰岧垚焦垚（別作嶤加山非垚舜禹皆㠯名稱古之人不諱殷之諸帝始㠯伯仲甲乙稱至周而愈文故生有字而死有謚後之爲謚法者曰垚悳高遠之意曰善行悳義之謂垚誤矣）

堇堇居隱切說文曰黏土也从土黃省古文不省按土之黃者冣黏忍記曰涂塗之㠯

墨　坐　圣　塵

小日四十四

謹涂謹堇之譌也木堇堇荼古通用此今作槿堇

墨莫北切黑土也

坐徂臥切兩人對坐土上坐之義也古葢坐亏地今人猶謂坐爲坐地說文𡋣古文

圣說文曰汝潁之閒謂致力於地曰圣讀若兔窟孫氏苦骨切按怪㠯此爲聲

塵直珍切从麤獸羣驟而塵起也籒文今書作塵从省

坴　重

土之象形

坴他頂切象物出地挺生李昜冰曰人在土上挺脡出

坴之龤聲

𡍮直容切重累也東聲說文曰㫗也又爲重稑之重呂氏春秋曰種稑不爲稑重不爲重亦作種穜爲輕重之重直勇切別作種說文曰遲也重之爲重去聲

量　㸒　徵

重之疑

量力昌切說文曰稱輕重也从重省曏省聲𦤵古文　按量力向切豆區鬴鍾之屬謂之量呂之量多寡之謂量平聲

𡈼之疑

㸒余箴切說文曰近求也从爪𡈼𡈼徼幸也

徵陟陵切說文曰召也从微省从𡈼爲徵行於微而文達卽徵之[illegible]

古文按叔重之說不可曉於經傳爲徵召徵取又爲徵證孔子曰文獻不足徵也中庸曰無徵不信又展里切五音宮商角徵羽

金

土之象形鍇聲

金居箴切白金銀青金鉛錫赤金銅黑金鐵黄金最貴故獨稱金金生於土故从土今聲八象丱形說文曰金古文

大日九十二

銜　釦

金之會意

銜戶監切馬勒吻金也說文曰从行銜行馬者也引之則銜於吻而未茹者皆曰銜別作嗛說文曰口有所銜也又作椷史記曰開可椷劒俗作啣通亦作函侗謂函與含同函於口中曰函銜於吻閒曰銜

釦苦厚切金飾器口也又吳語曰三軍皆譁釦㠯振旅韋昭曰譁釦讙吟也譁釦之釦猶叩也攷也謂

銀　銅　鉛　鐵　鏐

擊金革

金之龤聲

銀語巾切白金也

銅徒紅切赤金也

鉛与專切青金也

鐵他結切黑金也別作鐡銕

鏐力幽切爾雅曰黃金之美者韋昭郭璞曰紫磨金也一曰弩眉說

大日二十五

文曰球或作璆禹貢梁州之貢璆鐵銀鏤疑卽鏐也

錫先易切在銀鉛之閒者爲錫爾雅曰錫謂之鈏疏曰錫白鑞也借爲錫与之錫錫賜聲義相通也又借爲錫希之錫少牢禮主婦賛者皆錫衣侈袂燕禮公尊用綌若錫喪服傳曰錫者麻之有錫者也錫者十五升無事其縷有事其布曰錫記曰朝服

鑞　鐼　鏈

十叉廾厷其半而緫加灰錫也龐成曰治其斧使滑易故謂之錫也或作緆从糸

鑞力盇切錫之堅白者也

鐼洛㦺切爾雅曰白金之美者毛萇曰大夫鐼琫字林力召切

鏈力延切說文曰銅屬亦單作連史記江南出金錫連徐廣曰鉛之未鍊者今人㠯鋃鐺之類相連屬者爲鏈厷聲

鍇　鍮　鎔　銷

鍇居諧苦駭二切說文曰九江謂鐵曰鍇張衡賦曰銅鐵鍚鍇一曰白鐵也春秋傳有文之鍇

鍮他侯切呂盧曰石鍊銅成鍮又作鋀類篇曰石名佀金令人謂之鍮石別有鉐文顧野王曰音石鍮鉐也

鎔余封切又余章切冶金也又作烊冶鎔烊同聲實一字古但謂之冶

銷相邀切火消金也古單作消

鑠

鑠式藥切金消鑠也消[illegible]因謂之鑠孟子曰仁義禮知非由外鑠我也火洞明因謂之鑠詩云於鑠王師別作爍

鍊

鍊郎甸切煮冶銅鐵使精熟也别作煉又作湅說文曰辟湅鐵也

鍛

鍛都玩切椵鍊也說文曰小冶也

鋌

鋌辻鼎切五金鍛爲條樸者佰曰金曰

鑄 銖 錙

小八十三

鋌木曰梃竹曰筳皆取其長又考工記曰冶氏爲殺矢刃長寸鋌十之鄭司農曰箭足入稾中者也

鑄之戍切冶金寫之範中㠯爲器也

銖市朱切說文曰權十分黍之重也一曰十黍爲厽十厽爲銖漢志曰黄鍾一龠容千二百黍重十二銖兩之二十亖銖爲兩

錙側持切說文曰六銖也

鍰　鋝

鍰胡關切又去聲又亐眷切又呂刑曰其罰百鍰孔安國曰六兩曰鍰鍰黃鐵也說文曰鍰鋝也蜀本李昜冰廣說文曰鍰六鋝也

鋝龍輟切考工記曰戈戟皆重三鋝劒重九鋝次七鋝下次五鋝說文曰鋝十銖蜀本十下有字一二十五分之十三也北方呂二十兩爲一鋝廉成曰說文曰鋝鍰也令東萊或呂大半兩爲鈞十鈞爲環環重六兩有大半兩鍰鋝佀同矣則三鋝爲一斤三兩賈逵說俗儒呂鋝重六兩俗說近是按說文十銖二十五分銖之十三

爲鋝如此則三鋝不叚爲一斤三兩矣且戈戟鍰重三十一銖爲已輕矣至吕二十兩爲鋝則劒重九鋝者爲十有一斤三兩爲已重矣亦不然也孔氏賈氏鄭氏六兩之說略同孔氏之說出於先漢蓋必有所據鍰鋝皆六兩實一字爰之譌爲寽也

鎰

鎰弋質切二十兩爲鎰亦通作溢喪服傳曰朝一溢米夕一溢米康成孟康皆曰二十兩孫愐曰二十三兩

鈞

鈞居匀切三十斤也夏書曰關石和鈞王府則有考工記曰㮚氏爲量改煎金錫則不耗不耗肰後權之權之肰後準之準之肰後量之量之㠯爲鬴深尺内方尺而圜其外其實一鬴其臀一寸其實一豆其耳三寸其實一升重一鈞聲中黄鍾之宫其銘曰旹文思索允臻其

極嘉量既成㠯觀三國永啓厥後兹器維則衡始於銖重於鈞古者律度量衡清濁長短多少輕重度數合一曰夜分則同律度量衡律度量衡易於爽則故聖人作則爲金錫使不耗鑪器㠯紀量衡律度使永遠不壞而咸㝵徵則焉所謂和鈞蓋是物也亦作㬐說文曰古文因之

銓　錘

爲鈞一之義輕重同也

銓逡緣切說文曰衡也語曰銓度天下之衆寡淮南子曰縣之亏銓衡伯氏曰銓權也衡以木爲之權以金石爲之別作硂

錘直垂切又作鎚廣成曰稱權也博雅曰權謂之錘通作椎又直僞切銅半鈞也說文曰錘八銖也

鉏

小九十

鉏士魚切𧴮土去薅之器也有柄又作

耡鋤

钁居縛切大鉏也

鎛補各切詩云庤乃錢鎛又曰其鎛斯趙㠯薅荼蓼毛萇曰鎛耨也考工記曰越無鎛夫人而能爲鎛也康成曰越地塗泥多艸穢而山出金錫鑄冶之業田器尤多說文鎛鎛鱗也鍾上橫木上金華一曰田器也又與鑮通用

銚

銚他雕切又千遙切莊子曰旾雨日旹艸木怒生銚鎒於是乎始脩管子曰一農之事必有一耜一銚然後成農毛萇曰錢銚也按銚蓋剗艸之器故其利者亦爲兵器呂氏旾秋曰長銚利兵高誘曰長矛也讀若葦苕之苕說文曰溫器也按今鄉器之小而有柄有流者亦謂之銚徒弔切

鍫　鑱

小三十九

鍫七搖切畚類所用㠯杴取土物也又作橾有司禮桃匕挹湆注于疏匕鄭康成曰二匕皆有淺升狀如飯橾又緝衣裳之縫亦曰鍫又作鐰

鑱士銜切钁之銳者利㠯鑱堅別作⿰金岑劖又上聲

鎡津私切孟子曰雖有鎡基不如待旹漢書單作茲基趙岐曰田器耒耜之屬張晏曰鉏也

鎌　銍　鍥　鋸

鎌離鹽切薉刃鋸齒所以乂禾也又作劆

銍陟日切說文曰穫禾短鎌也書曰二百里內銍詩云奄觀銍艾

鍥詰結切說文曰鎌也按鍥薉之義或取諸此蜀本說文曰刈鎌也又曰小鎌南方用以乂穀

鋸居御切解器也以鐵枼爲齟齬其齒一出一又以片解木石說文曰槍唐也

鑿　鏨　鏠

鑿在各切，穴木器也。所鑿之空爲鑿。才到切。又才木切，鏃也。又卽各切，僣爲鑿鑿之鑿，鮮明皃也。詩云：白石鑿鑿。

鏨士監切，又鉏咸、鉏敢、疾剡三切，小鑿也。別作鏩，又作歁。

鏠初諫切，又上聲。狀如斧而肩其刃，所㠯鏠木石者也。

鉋　鍚　釿

鉋皮教切治木器狀如鏟拘之呂木而推之捷於鏟一曰搔馬具又乎聲刨也別作刨

鍚他浪切呂鐵爲斷呂摩乎斤斧之迹者也

釿魚斤切侶鍚而小又宜引切莊周曰釿鋸制馬注曰音斤本亦作斤說文曰劑斷也說文

錯　　鑢

小五十四

在斤

部

錯倉各切㠯剛鐵交錯爲深理㠯磨礲金石者也引而申之交錯之義生焉說文曰厝礲石也錯金塗也厂既非錯礲之類金錯云者乃錯文於器皿之上而塗㠯金亦塗非錯也借爲錯置之錯倉故切亦作措別作厝

鑢良據切錯之精者也別作⿰金閭鋁

銎　鎊　鋟　鏤　鎪　鏃

銎曲顒切斤斧鉏钁植柄之穿也

鎊鋪郎切削也

鋟千尋切刻入也類篇曰錐也又作鑁

鏤盧侯切刻鏤也刻之穿透爲鏤去聲禹貢梁州之貢鏐鏤孔氏曰剛鐵也又劔名屬鏤平聲或作劃

鎪先侯切鏤搜也又作⿰叜刂

鏃在木切鏨之細也說文曰利也亦通作鑿

鈒　錐　鑽　鐫

孫愐㠯鏃爲筭鏃非詳見鏃下

鈒蘇合切細鏃金銀爲文也說文曰鋋也按說文所謂鋋卽鬭戟也

錐職惟切穿器之鋭者

鑽僭毌切穿器也圜埑而剡上旋㠯穿物者也用之穿物曰鑽去聲

鐫遵全切斲石器也說文曰穿木鐫也一曰琢石也又

鍼 鉥 鍤

周禮十煇之瀀三曰鑴康成曰日旁气
鍼職深切甾鐵所㠯引線縫紉也亦用
㠯鍼砭病通作箴亦作針又其廉切秦有
鍼虎秦后子名鍼晉有欒鍼
鉥食聿切說文曰綦鍼也管子曰一女必有一箴一鉥房玄齡曰長鍼也
鉥所㠯引線故因爲鉥誘與訹通
鍤側洽切綴衣鍼也說文曰郭衣鍼也

鈂 鍪 鑊 鎗 鐺

鈂直深切鐵鑯也

鍪莫浮切說文曰鬲屬按今已胄爲兜鍪蓋已其形佀鬲

鑊戶郭切亯鬵器也

鎗楚耕切三足鬴也俗作鐺又爲金聲側耕切

鐺都郎切鋃鐺長鎖也漢書作琅當

鎬 銼 鏇 鏖

鎬乎老切說文曰溫器也用爲地名武王所都

銼昨禾切說文曰銼鑹魯戈切鬲也按杜甫詩土銼冷疏煙讀徂臥切

鏇似絹切溫器也旋之湯中以溫酒與洎者也說文曰圜爐也

鏖烏刀切說文曰溫器也亦作鏖麀省聲按今人以慢火爛[illegible]肉物爲鏖別作爊漢書曰合短兵鏖皋蘭下顏師古曰鏖苦戰也

鉶　鈃

侗謂鏖爛戰也

鉶戶經切盛羹器也又作鉼漢書歠土刑單作刑又何耕切

鈃經天切說文曰佀鍾而頸長字林曰佀小鍾而長頸一曰佀壺而大莊子曰求鈃鍾也㠯束縛按鈃與鉼多貿亂莊子宋鉼卽孟子所遇宋牼也牼鉼聲相近鄭讀音堅鈃鍾之鈃讀爲鉶皆誤也

鐎　鉉　鍾

鐎兹消切說文曰鐎斗也孟康曰㠯銅作鐎受一斗晝炊飯食夜擊持行夜謂之刀斗蘇林曰形如鋗無緣顏師古曰溫器也說文曰鋗小盆也一曰鋗無足鐺也孫氏火玄切

鉉胡犬切鼎扃也毌之鼎耳㠯舉鼎易曰鼎黃耳金鉉

鍾諸容切樂鍾也其器深㠯閎故其聲

大而長其容六斛三斗者爲量㮚㠯鍾計酒亦㠯鍾計其量深㠯閎所受者多故鍾聚之義生焉傳所謂鍾水鍾美是也又作鐘鍾說文㠯从童者爲樂器从重者爲酒器非也又作鏞

鑮

鑮補各切大叔儀樂人宿縣于阼階東笙鍾其南鑮皆西面頌磬其南鍾其南鑮康成曰鑮如鍾而大奏樂㠯鼓鑮爲節一本作鎛語曰細

鈞有鍾無鎛昭其大也大鈞有鎛無鍾甚大無鎛鳴其細也韋昭曰鍾大鍾鎛小鍾也細謂角徵羽也兩細不相和故有鍾無鎛明其大者㠯大亏細也大謂宮商也兩大不相和故叅鍾而用鎛㠯小亏大也甚大謂同尚大聲故又叅鎛獨鳴其細謂絲竹革木也說文曰鑮大鍾淳亏之屬所㠯應鍾磬也堵㠯二金樂蜀本堵㠯二則鑮奏大樂鼓鑮應之按說文及康成皆㠯鑮爲鍾之大者國語則鎛細於鍾國語之說佀不可易鑮鎛多互用宐从說文鑮爲鍾而鎛爲田器

大七十七

鐻

鐻居御切鍾屬莊周曰梓慶削木爲鐻見者驚猶鬼神司馬氏曰樂器也佀夾鍾伺謂削木爲之而佀鐻成故見者驚異非謂木可爲鐻也史記秦始皇収天下兵銷㠯爲鍾鐻鐻簴鍾類說文通㠯爲筍虡之虡非也筍虡不可㠯金鐻

錞

錞殊倫切周禮鼓人㠯金錞和鼓康成曰錞亏也圜如碓頭大上小下樂作鳴之與鼓相和

鉦　鐸

鉦諸盈切詩鉦人伐鼓說文曰鐃也佀鈴柄中上下通

又鳧氏爲鍾亏上謂之鼓鼓上謂之鉦

鐸徒洛切周禮鼓人㠯金鐲節鼓㠯金

鐃止鼓㠯金鐸通鼓司馬中冬教大閱

先鼓兩司馬振鐸作旗車徒皆作鼓行

鳴鐲車徒皆行及表乃止三鼓摝鐸弊

旗車徒皆坐又三鼓振鐸作旗車徒皆

大日八十

周

作鼓進鳴鐲車騶㞢趨鼓退鳴鐃且卻

鐸之制葢如小鍾而中縣舌馬振者夕

又搖撼㠯出聲也搋者上下撼之㠯出

聲也有金鐸有木鐸書曰每歲孟春遒

人㠯木鐸徇于路周禮徇于官府道路

皆㠯木鐸孔安國曰金令木舌之謂木鐸康成曰文事㠯木鐸武事

㠯金鐸

鐲　鐃　鈴

鐲直玉切又直角切所㠯節鼓說文曰鉦也康成曰形如小鍾又按令㠯鐵爲手足丑者亦謂之鐲

鐃尼交切所㠯止鼓說文曰小鉦也康成曰如令無舌有秉執而鳴之㠯止鼓

鈴力丁切㠯金爲圜郭置丸於中搖之其聲令令然故曰鈴古單作令詩云盧令令謂㠯鈴繫犬也松根有伏令謂其

鍚　鑼

伏土中狀如令也別作茯苓豨令亦生於木伏令之類而狀佀豬矢故曰豨令也別作狑豨令竿謂其領下有縣令也別作羚𨰻

鍚与章切馬額肯鈴也詩云鉤膺鏤鍚傳曰鍚鸞和鈴昭其聲也康成曰馬面當盧刻金爲之所謂鏤鍚也杜元凱曰鍚在馬額鸞在鑣和在衡鈴在旂動則皆鳴

鑼良何切今之金聲用於軍旅者也築

銑　鏜　鏗

銅爲之如盂亦㠯爲盥盆

銑穌典切考工記鳧氏爲鍾兩欒謂之

銑康成曰鍾口兩角也語曰玦之㠯金銑者寒旹

矣爾雅曰絕澤謂之銑說文曰金之澤者謂之銑一曰小鑿也

鏜土郎切鍾鼓之聲鏜然也亦作闛

鏗口莖切金聲鏗然也或曰金石之堅者其聲鏗會意

也別作鉮鍞掮揁誙

鍬　錚　鍠　鈇

鍬七竿切金聲鍬䏶也古通作収又作瑲

錚楚耕切小聲錚錚䏶也通作鎗又作琤

又葘耕切金聲丁丁䏶也通作丁又作玎

鍠戶盲切鍾聲鍠鍠也又戶光切古通作喤詩云鍾皷喤喤又曰簫管備舉喤喤厥聲古今注曰秦改鐵鉞作鍠今鑾輿之㫄有儀鍠剡木爲斧

鈇甫無切說文曰莝斫刀也按古與斧

銶　鈹　鎩

通用上聲

銶渠尤切詩云既破我斧又缺我銶毛萇曰木屬侗謂木不應言缺从金乃兵也

鈹鋪羈切傳曰夾之以鈹

鎩山削切說文曰鈹有鐔也貫誼曰鉏耰棘矜不銛於鉤戟長鎩顏師古曰鎩鈹也又所拜切削也

錡　鐂

錡渠羈切詩云既破我斧又缺我錡韓嬰曰木屬毛萇曰鑿屬侗謂木不應言鈌而鑿非所已征蓋兵屬說文鉏鋤也鉚臭𣪠切又魚綺切亯器也詩云亏吕湘之維錡及釜毛萇曰有足曰錡無足曰釜又作䰙見鬲部

鐂力求切書曰一人冕執鐂孔氏曰又戊屬也曰咸鐂厥敵傳曰虔鐂我邊埀又作劉加刀漢人析之爲卯金刀按鐂本从丣聲漢人蓋已誤仞丣爲卯矣說文有瀏而無劉

鋋　　鉟

但有鏂殺也徐鍇曰書傳無鏂字疑卽劉字刀字屈曲譌爲田臣伺謂劉爲漢姓叔重不應但訓曰殺又作劉

鋋市連切說文曰小矛也漢書曰雚葦竹蕭中木蒙蘢此矛鋋之地也韋昭曰佀矛鐵秉師古白鐵把短矛也

鉟攀悲切傳曰公卜使王黑吕靈姑鉟率吉斷三尺焉而用之杜元凱曰鉟名按鉟不可斷三

尺而用船矛戟有刀之兵乎

鍭

鍭乎鉤切詩云三鍭既鈞周禮殺矢鍭矢用諸近射田獵考工記曰鍭矢參分一在歬二在後爾雅曰金鏃翦羽謂之鍭

鉸

鉸古巧切交刃刀也利㠯歬

鋒

鋒旉容切兵端銳刃也別作鏠

鍔

鍔五各切劒兩向刃也古亦單作咢漢

鋏

書曰越砥歛其咢莊子說劍曰天子之劍吕㷀谿石城爲鋒岱爲鍔晉魏爲脊周宋爲鐔韓魏爲夾鍔說文作㓵籒文作挌刀劍刃也孫愐曰劍端也按莊子鋒鍔二物鋒既爲劍端不旻又謂鍔爲劍端也

鋏吉劦切劍兩頰也自脊至鍔爲鋏亦單作夾莊子曰韓魏爲夾考工記謂之臘司馬彪曰把也按史記馮驩彈鋏而歌把非可彈者一說从稜向刃爲夾

鐔　鐏

此說旻之說文曰可

以持治器鑪鎔者

鐔余林切說文曰劒鼻也徐鍇曰人握処之下也三倉曰劒口也注感切徐邈曰劒環也司馬彪曰劒珥也漢書鐔佗刀劒鉤鐔顏師古曰劒喉也又曰佀劒而小陿

鐏祖寸祖管徂寸三切戈柲下銅也記曰進戈者前其鐏後其刃秉成曰鋭底曰鐏取其鐏地

鐓　鏑　鏨

鐓辻對切又都昆切矛戟下平鐏也記曰進矛戟者歬其鐓秉成曰平底曰鐓說文曰鐓下垂也一曰千斤椎也經傳亦與錞通用詩云厹矛鋈錞說文曰錞戈戟柲下銅鐏也按錞爲錞鐲之錞當㠯鐓爲矛戟之鐓

鏑都歷切兵鋒也又作鍉漢書曰銷鋒鍉按是非聲

鏨工練切又平聲淬刀劍刃使堅也

銛　銳　鑯　鈍　釗

銛息廉切刃利也賈誼賦曰莫邪爲鈍銛刀爲銛說文曰臿屬舌聲按舌非聲乃甜省聲也

銳以芮切鑯利也又爲兵器書曰一人冕執銳孔安國曰矛屬說文曰𠟳籀文

鑯子廉切鋒芒銛銳也徐鉉曰俗作尖非

鈍徒困切不利也古僭用頓

釗止遙切說文曰利也鄭衆仲田或以爲弩機

鑋　鏦　鎧　錏　鍜

鑋遣政切旾秋傳苑子剸林雝斷其足鑋而椉於他車㠯歸杜元凱曰一足行也又作⿱轚足

鏦収容切說文曰矛也一曰稍小者漢書曰南越太后鏦呂嘉㠯矛蓋舂之也

鎧苦亥切甲也

錏烏加切鍜乎加切說文曰錏鍜頸鎧也

大、六十七

釬　錢

釬矦旰切說文曰臂鎧也又令㠯固金鐵之亝爲釬又作銲

錢昨僊切泉布也古之爲市也㠯其所有易其所無而已爲其物之不能遷相直賈之萬殊而難亝也故㠯布帛爲幣而幣之用與布帛長短廣陿精疏之不亝而巧僞生焉故有金刀龜貝之貨金

鏡

刀龜貝窮而錢生焉然後天下之交易者始有所一太公立九府圜法鑄金爲錢外圜內方輕重以銖自是以來歷世寶之以爲貨幣伯氏曰錢之名蓋泉與員之禪也又卽淺切詩云庤乃錢鎛毛氏曰銚也

鏡居慶切鍊冶銅錫鑄而摩之其明足

大、七七

㠯見形也說文曰景也考工記曰金錫半謂之鑑燧之亝

鑑

鑑古斬切鏡也周官司烜氏掌㠯鑑取明水於月古通作監書曰人無於水監當於民監引而申之則鏡觀古今之是非成敗者皆曰監也

鎮

鎮陟刃切㠯金爲厭器也

錠　鐙　釭

錠丁定切又堂練切說文曰鐙也一曰豆屬有跋曰鐙無跋曰錠

鐙都滕切說文曰錠也記曰夫人薦豆執校執醴授之執鐙康成曰豆下跋也又厺聲馬鞍兩旁足所踏也

釭古雙切說文曰車轂中鐵也又古紅切漢書璧帶往往爲黃金釭函藍田璧明珠翠羽飾之師古曰㠯金爲釭若車釭著珠璧翠羽其中音工俗作江非

錧　鑣　鋪

錧古緩切轂空裏金如管也說文作輨轂端沓也既夕禮曰椉惡車木錧康成曰木錧取其少聲今文作鎋陸氏戶瞎切

鑣悲驕切馬銜也詩云輶車鸞鑣陸悳明曰馬銜外鐵也又扇汗又曰排沫

鋪普胡切門上銜環者也僭爲鋪陳之義陳物之緣因謂之鋪普故切

鉤　釣　鐖　釵　釧

鉤古矦切金爲鉤也帶有鉤鉤帶者也鎌有鉤鉤禾而鎌之者也別作劍說文曰鎌也

釣多嘯切小鉤吕餌魚而取之者也

鐖居希切釣竿芒也淮南子曰無鐖之鉤不可吕旻魚

釵楚皆切兩股笄也徐鉉曰本單作叉

釧尺絹切金約臂也別作玔釵釧二字古皆無之

大、五二

鈿　鍵　鐍　鑰

鈿亭年切金箸爲飾田田然也又去聲別作鎮

鍵渠偃切籥牡也周官司門掌授管鍵㠯啟閉國門管爲牝鍵爲牡說文曰鉉也一曰車轄也別作鑳

鐍古穴切莊子曰攝緘縢固扃鐍李氏曰鈕也崔氏曰環舌也說文作觼環之有舌者詩云鋈㠯觼軜

鑰弋灼切管鍵也本作籥籥管也戰國

鍉　鎻　鋂

筴之君之魯魯人投其籥不果内

鍉常支切所㠯啟籥者也

鎻穌果切㠯鐵環毌相毌爲索亦謂之鋃鐺也今人因㠯管鍵爲鎻說文借用瑣管有埜鍵有須俗作鋞與鎻非

鋂謨杯切詩云盧重鋂說文曰大瑣也一環毌二

鋃　鈦　鉗

鋃盧當切鋃鐺長鎖也漢書作琅當曰以鐵鎖琅當其頸鋃鐺之爲物連牽而重故俗語以困重不疑爲鋃鐺（俗謂之鏈）

鈦大計切說文曰鐵鉗也張裴晉漢律序曰狀如跟衣著足下重六斤以代刖

鉗其廉切說文曰以鐵爲劫束器也漢書髡鉗爲城旦舂（顔師古曰鉗在頸鈦在足）别作鈐

鑷　鈔　錔　銘

亦作拑說文鈐鏅迠果切大犂也一曰類耜別作鉆說文曰鐵銸也又作箝箝相公竿氏曰相馬而秣之

鑷昵輒切鉗取之器也亦作籋說文曰籋箝也徐鉉曰爾非聲徐鍇曰今俗作鑷按鑷正以金爲之又作銸又作鑈

鈔楚交切說文曰叉取火中物也徐鉉曰俗作抄又去聲

錔他荅切說文曰金有所冒也

銘莫經切刻金石以銘識也

鉛　錄　鋈

鉛余足切銅屑也史記曰民盜摩錢取
鉛說文曰可㠯鈎鼎耳及盧炭者
錄盧谷切說文曰金色也詩五楘梁輈
毛氏曰楘歷錄也一輈五束歷歷錄錄
也俗爲簿錄采錄之錄
鋈烏酷切冶黃白金沃銅鐵爲飾猶今
之塗金也詩云陰靷鋈續

鑲　鑄　地　坤　垕

鑲汝羊切說文曰作型中腸也

鑄息救切鐵器生衣也或作鏥銹

土之龤聲

地徒二切墬籒文又作埊埊唐武后所制

坤苦昆切地勢隤然也易曰地勢坤別作巛與

垕胡口切土積深也亦作厚說文曰厚从旱从厂山陵之厚也垕古文莫大於天莫垕於地莫深於水垕从土爲正

大日六四

埊 坦 坡 坱 圠

埊力中切土高屋也亦作隆

坦他但切土廣平也

坡滂禾切土頗迆也

坱烏浪切又上聲土和屋也說文曰塵埃也圠乙黠切土密凝也賈誼曰大鈞播物坱圠無垠坱圠無垠謂造化播物猶均者之埏埴土物坱圠沖融無迹也垠謂垠鄂應劭謂無垠爲無限垠非也淮南招隱辭曰坱兮圠山曲岪唐韻曰圠爲山曲蓋緣此

壙　埌　堅　坴

壙苦謗切空廓也孟子曰獸之走壙莊周曰死壙埌之埜葬者穴土㠯藏壙如也故墓穴亦曰壙說文曰塹穴也一曰大也

埌力碭切壙埌也又上聲

堅經田切土剛實也

坴力竹切高塏爲坴說文曰土塊坴坴也去聲讀若逐一曰坴梁又作陸說文曰高平地也从𨸏按古有高陸平陸則高平非陸之義考

工記曰作車㠯行埜作舟㠯行水埜與水數言其義可知已矣

塏　堪　壤

塏可亥切地高燥也

堪苦含切說文曰地突也僭為勝堪之堪

堪與任聲義相近伯曰摶垕能持載也漢志王心弗戢孟康曰古堪字

壤如兩切土之疏理而澤者曰壤孔氏曰無塊曰壤顏師古曰柔土也

壚　埴　墳

壚龍都切剛土也呂氏春秋曰凡耕之道必始於壚爲寡澤而後枯

埴承職切黏土也書云厥土赤埴墳考工記曰摶埴之工匋瓬黏土可摶㠯爲器故匋瓬之工謂之摶埴

墳符分切土高起爲墳周禮曰辨其丘陵墳衍原隰康成曰水涯曰墳墳者封土㠯識之故

埅　垤

墓亦謂之墳引而申之凡高大者皆曰墳詩云牂羊墳首別作羵又上聲土脈憤起也傳曰祭之地地墳

埅烏各切白土也呂白土塗埅牆屋者因謂之埅

垤迭結切小土呂也有子曰夳山之於丘垤詩云鸛鳴于垤

塿　坻

塿力狗切培塿小丘也古通作婁傳曰部婁無松柏說文曰塺土也塺塵也

坻陳尼切詩云曾孫之庾如坻如京又曰宛在水中坻爾雅曰小渚曰沚小沚曰坻說文曰小渚也說文本爾雅爾雅因水中坻之詩而爲說者也坻蓋丘之卑者類篇曰隴阪也掌氏切或作坘汥渚傳曰物乃坻伏杜氏曰止也音止又丁禮切又作泜說文曰著止也與厎通

塊　堁　墣　塺　埃

塊苦卦苦數二切拳土也又作凷又作墤

堁苦果切小塊也淮南子曰揚堁而弭塵

通作顆賈山曰不㝵蓬顆蔽冢而託葬焉

墣匹各切塊也吳語曰涓人疇枕楚王㠯

墣而去之別作圤

塺謨杯切細土也說文曰塵也又作坶又母果切

埃於開切塵起也

壒 坌 垢 在 垠 堮

壒亞盍切埃塵之合也又於蓋切又作壒

坌蒲問切塵營集也說文一曰大防也

垢居后切滋塵也

在才載切又才几切在存同聲其義亦同

垠魚斤切垠堮土之厓厈也亦作圻渠衣切說文曰垠或从斤方千里曰圻具畿下別作埜

堮五各切土之厓級也別作壃

大日六十三

伯大

埸 域 境 埀 堧

小八十三

埸羊益切詩云乃埸乃畺漢書單作易

域亏逼切地有區限也

境羈景切地域所竟也古亦單作竟

埀是爲切邊地也別作陲

堧而緣人兗二切又奴亂切又作壖史記河渠書有河壖韋昭曰緣河邊地鼂錯穿太上廟堧垣顔師古曰廟内垣之外游地也通作陾別作㬉曘說文曰曘城下田也

墾　墢　圭

墾口狠切貇土也當單作貇

墢北末蒲撥房越旇吠三切語曰王耕一墢韋昭曰一耜之墢也王無耦㠯一耜耕或作坺說文曰治也

圭府容切崇土也亦作封从手封之說文曰古文𡉚籒文古之爲地域者辨其畺域而溝封之因其高者而封焉因其下者而溝焉所㠯辨也故建國謂之封傳曰諸侯正封又

曰師偏師㠯脩封畺此之謂也古之聖王高高下下各因地之宜封山㠯崇其㝡濬川㠯疏其流故祭山者封之天子巡守亏方岳則因名山㠯升中亏天因吉土㠯祀地遂封其山而祭之祭天者爲壇祭地者墠而不壇所謂封墠也虞書曰歲二月東巡守至亏岱宗柴望秩亏山川五月至亏

南岳八月至亏西岳十有一月至亏北岳皆如岱禮史記封夳山禪梁父封禪之義也封禪非繇禮也有虞氏五載一巡守周人十有二載一巡守其禮濅闊矣及周之衰不能省巡其禮始曠迨桓公霸諸侯而欲封禪管仲設辭㠯諫其事之有無不可知蓋晉文公請隧季氏旅夳山之類也至

所稱三脊茅比目比翼奐鳥之類皆秦漢諸儒夸誕之論也封崇上以封山也漢儒乃以玉牒石檢為封古主樂聞其號而不考其義遂以為百王之盛典過矣葬者封土為墳故亦曰封孔子曰吾聞之古也墓而不墳丘也東西南北之人也不可以弗識也於是封之崇三尺記又曰縣棺而封

培　埤

曰既叔而弔康成悉讀爲窆非說文叔从寸其說曲而不通凡字之从又者如安肞㪅㔾又爲聲若叔𣪊仅㔾人爲義皆譌而爲寸也

培蒲枚切加土也中庸曰栽者培之培坏坯陪三字書傳多錯互各具本文下又薄口切培塿也

埤避支切𦥑土𥁋也在土爲埤在衣爲裨詩云王事適我政事一埤益我又部靡切下溼地也晉語曰松柏不生埤

大曰五十四

增　坏　墐

增咨騰切加土也（又作譄說文曰加也）

坏步枚切㠯土叙罅隙也記曰坏牆垣又曰蟄蟲坏戶亦作阫莊周曰日中穴陪又步㡰切（疑與培一字）

墐奇鎮切涂塞也詩云塞向墐戶又曰行有𠕋人尚或墐之傳曰道墐相望謂道旁埋尸也（別作殣）

坙　堂　塾　堦

坙居之切　叙爲宫室先爲坙止也又作墍

堂徒郎切　崇坙爲堂堂古文𡪿籀文又作闛說文曰盛皃書云弗肎堂矧肎搆詩云自堂徂基堂下至門不崇故但曰坙凡堂必高廣故引之爲堂堂之義

塾殊六切　門𠂇又堂也

堦古諧切　謖級㠯升高謂之堦又作階古

謂梯亦曰階。喪大記夏虞人設階。康成曰梯也類篇曰江南人呼梯爲隥柯開切不知乃階也又作垓陔亦古哀切說文陔階次也又作垓司馬相如封禪書曰上暢九垓服虔曰重也淮南子曰吾與汗漫期乎九垓之上史記漢武帝作太一壇三垓鄒氏曰一作陔說文垓兼垓八極也引國語天子居九畡之田按梯堦陔實一聲國語畡从田垓畡實兩字

墀直尼切說文塗地也天子赤墀漢曲陽侯根僭上赤墀青瑣

墄倉歷切七略曰夕墄又乎墄階級也夕

墀　墄

坒　墠　壇

堿人上又弖車上也

坒毗至切堂級也說文地相次比也又作陛賈誼曰人主如堂群臣如陛說文曰陛升高階也

墠常衍切除地有事也書曰三壇同墠禮曰去壇爲墠詳見封下

壇徒干切除地爲墠崇土爲壇書曰爲三壇同墠別作⿰石亶又徒案切

大日四一

場　壝　埒

場直良切築土爲場㠯内禾稼也周官場人掌樹果蓏詩云九月築場圃十月内禾稼鄭康成曰圃樹果蓏季秋㠯爲場故曰場圃別作塲暘

壝唯季切周禮曰爲壇壝宮封人掌詔王之社壝鄭康成曰平地築壇又委土起堳埒㠯爲宮象牆壁禮爲壝壇画階無宮康成曰壝土象壇也又作壝

埒力輟切說文曰卑垣也

壘　墉　垣　城　堞

壘力軌切絫墼土爲營壁也亦作垒說文从厽从土厽絫坺土爲牆壁象形

墉余封切𩫖古文東版築土呂爲宮也國邑之城通亦曰墉別作鄘傳曰鄭災祈亏三鄘鄘城也

垣雨元切墉也𩫨籒文

城氏征切國邑之都垣也

堞𨑨劦切女垣也傳曰晏弱囗萊垔之環

堵　壁

城傅於堞杜元凱曰女牆也又盧蒲嫳攻崔氏崔氏堞其宮而守之杜元凱曰短垣也又作墷

堵當古切詩曰之子于垣百堵皆作曰築室百堵築垣墉者縣版而上竟其版之長爲一堵𩫖籀文說文曰五版爲堵杜元凱曰方丈曰堵此說未必然

壁必激切古者築垣墉周亏吕爲宮後世編葦竹吕障楹閒塗之吕泥曰壁月令曰

坊　堤　塘　堰

蟋蟀居壁。又隱東辟中，單作辟。軍所止亦謾堵障，故亦謂壁壘。

坊　府良切。今㠯此為里巷名。按坊記㠯此為防，別作閍，閍巷門也。

堤　丁兮切。築土㠯扞水也。別作隄。說文：堤，滯也；隄，唐也。

塘　徒郎切。池堤也。古通用唐。詩：中唐有甓。

堰　於幰切。築土㠯遏水也。古通作偃。又去聲，亦云

埭　垻　塍　圯　　堠

小七十三

佐隅

埭达賚切堰之小者

垻必駕切類篇曰坡也又乎川謂之垻又必蓋切別作壩⿰石霸埭也

塍食陵切說文曰稻中畦也

圯盈之切說文曰東楚謂橋圯漢書張良步游下邳

圯上服虔曰楚人謂橋曰圯

堠胡冓切封土以紀里也五里一堠

堦　埰　坫

堦帝之切詩云雞棲亏堦說文曰雞棲垣也

埰杜果切㠯土也說文曰堂塾也類篇曰弢埆也侗謂堂塾弢埆皆㠯土爲之別作垛

坫都念切說文曰屏也冠禮侍亏西坫南康成曰坫在堂角又大弢儀太師少師上工皆東坫之東南西面坐語曰邦君爲兩君之好有反坫朱子曰坫在兩楹之間獻酬歛畢則反爵於其上呂禮觀之堂

𡑍　墼　堲

皆有坫惟國君有反坫

𡑍營隻切士喪禮爲𡑍于西牆下又作坄說文曰匋竈匃也役省聲鄭康成曰塊竈也蓋攤塊㠯爲竈

墼古歷切甓坯也

堲子栗切記曰夏后氏堲周康成曰火孰曰堲燒土冶㠯周棺或謂之土周由是也弟子職曰𡖓手執燭又手折堲堲燭頭𦘔也又作垐說文曰垐㠯土增大道上堲古文引之爲窒塞之義書曰朕

坯

㘾讒說殄行孔安國曰疾也非徐氏在力切

坯鋪枚切塼瓦之坯未燒爲坯說文作坏

堹

堹朱遄切已燒爲堹未燒爲墼亦作塼亦作甎

埏

埏尸延切和土也老氏曰埏埴以爲器又際也司馬相如曰下泝八埏又弓然切墓道也

均　垍　壎

垍居匀切造瓦之具旋轉者董仲舒曰泥之在均惟甄者之所為漢書謂為鈞因之為均号之義均亭蕫等也鈞輕重同也又作姰姰說文姰鈞適也

垍其冀切説文曰堅土也今人呂名匋器

壎況袁切樂器也說文曰呂土為之六空郭璞曰大如鵞卵鋭上号底别作塤壎坃

垸

垸胡官切孫氏呑聲周官冶氏爲殺矢重三垸康成曰量名讀爲丸削子縈垸吕爲丸說文曰吕桼和灰而髹也一曰補完也

型

型戶經切鑄金範也古單作刑荀子曰割刑而莫邪已或曰吕金曰範吕土曰型吕木曰模

堥

堥莫候亾遇二切又亏聲類篇曰瓦吕也康成注𤸐醫合黃堥置

瓦石其中燒之黄墊如今瓦合

墓　墦　塋　塴　　堩

墓莫故切死所葬也

墦扶袁切孟子東郭墦間之祭者說者曰墓也

塋維頃切墓之營域也

塴補鄧切又彼驗切葬下土也傳曰塴之則䡝而塴通用窆別作堋又皮登切弸埒也

堩古鄧切墓道也既夕禮曰唯君命止匛

圬

亐埡別作堩

圬於姑切漫塓也旾秋傳圬人㠯旹塓館宮室亦作釫杇語曰糞土之牆不可杇也說文曰所㠯塗也又亐姑切史記孔子生而首上圬司馬貞曰窊也令江淮閒水高於田築堤扞水而旬之曰圬田

墁

墁謨官切㠯土漫塗牆壁也孟子曰毀瓦

大日六五

王

塓　墍　塹

畫墁亦作鏝墁與塓聲義相近

塓莫狄切塗補牆壁也左氏傳圬人㠯旹塓館宮室

墍許既切說文曰仰塗也書曰惟其塗墍茨又詩云摽有梅頃匡墍之（毛氏曰取也非）又曰伊余來墍曰民之攸墍（毛鄭皆曰息也）

塹七豔切闕土爲阬也

坎　坅　坳　墊

坎苦感切，地臽中也。別作壈埳。又苦紺切，坎窞厈也。類篇曰險厈也，俗作墈。

坅巨錦、丘昰、作感三切。旣夕禮甸人築坅。

坎埤倉曰坎也，阬也。

坳於交切，圀昌之偃曰坳。莊周曰：覆杯水於坳堂之上。亦作凹，象形。又作岰坳。

墊都念切，頃臽也。書曰：下民昏墊。通作阽。

小七十八

坼 圮 壞 毀

別作圿

坼恥格切土削也

圮皮美切頃隤也別作酵

壞戶怪切隤敗也㱥古文壞之曰壞古怪切說文曰𣪏籀文徐鉉曰𣪏又見攴部

毀虎委切缺壞也毇省聲又作毀說文曰古文从壬又作𥖁又作擊說文曰傷擊也又毀廟之毀別作祪

垝　塡　塞

垝俱毀切詩云乘彼垝垣毛氏曰毀也亦作陒

塡亭年切㠯土塞空也凡實中者因曰塡亦作窴又借㠯狀鼓聲孟子曰塡然鼓之亦通作闐詩云伐鼓𡇈𡇈振旅闐闐又作磌公羊氏曰闐其磌然又郎刃切與鎭通用史記土爲塡壘

塞先則切㠯土窒空也引之則中實者皆

曰塞書曰温共允塞又曰剛而塞別作寋說文實也引書剛而寋又引之則闢隘之地塞而安之曰塞先代切又引之則諾許而實其言曰塞漢書殺牛塞禱別作賽摶者吕采相勝亦曰塞別作簺

垔伊眞切塞也書曰鯀垔洪水別作陻湮又作堙㘻春秋傳晏弱曰萊垔之環城傅於堞謂垔

垘　瘞　墩

其濠故旻便於壕也孫子曰攻城之灋修櫓轒轀具器械三月而後成距堙又三月而後已說者謂堙為土山距堙者踊土稍高而歬㠯附其城也恐未然

垘房六切土營曰垘史記曰川塞谿垘

瘞於繼切幽薶也禮曰祭地瘞周官司巫掌祭事安瘞

墩都昆切平地有𠂤也俗書

墻

小廿八

墡上衍切白埴土也俗書

孫奎謹校

六書故弟三

山　岳

六書故弟五

永嘉戴侗

地理二

山色閑切象形
山之象形

岳五角切山之崇大者也故其文眂山而加隆焉亦作嶽說文曰岳古文嶽詩云崧高維嶽

丠

傳曰山嶽則配天天下之岳五東曰岱南曰衡西曰華北曰恆中央太室周官正西曰雝州其山鎮曰嶽山

丠起秋切小山也故其文眂山而殺說文曰丘土之高也非人所爲也从北从一一地也人居丘南故从北中邦之居在昆侖東南按許氏之說甚牽曲而無理義觀古文嶽山上加丘然後晤丘山之象犂然著明又因㠯旻昌㠯之文義不待辭費而恔於人心厺古未遠文字舛譌不旻其說而鑿㠯

亦通若此者多矣

丘之龤聲

虛

虛起居切丘之号曠可居者也別作墟又朽居切空虛也因号曠而生空虛之義也秏則虛故秏鬼爲虛別作魖𧇊說文曰魖秏鬼也

嵒

嵒五咸切象嵒石鑱大山上也說文从品山巖也徐鉉曰品象嵒厓連屬之形又作巖嵒又作礹說文曰巖仟也嵒磛嵒也礹

大日廿一　周

小六十一

𨸏

石山也

山之轉注

𨸏房九切山之岡隴坡陀下陁者也山峯峻峙岡𨸏側注故𨸏从側山引而申之凡豐垕者皆曰𨸏別作阜

𠂤

𨸏之指事

𠂤都回切小𨸏也故其文眂𨸏而殺別作

堆塠雁崔垍启引之爲㠯琢㠯蠡劚㠯之呂令書傳通用追字或作珺詩云追琢其章㠯文之突出者也琢文之刻入者也周禮追師掌王后之首服爲副編次追衡笄記曰妥皃周道也章甫殷道也毋追夏后氏之道也通作敦毛氏曰㠯雕也金曰雕玉曰琢康成曰追猶治也詩云追琢其章追治玉也王后之衡笄皆㠯玉爲之按金無可雕周

大曰九五

陽 陰

之理毛說已非琢既爲治玉追何旻雯爲治玉㠯乃㠯聚之義毋㠯者爲冠如髻之撮聚追師之㠯亦指婦人髻飾㠯琢則通言金玉之文今人猶言㠯玉㠯金㠯朱也

𨸏之會意

陽與章切山𨸏之南向日謂之陽山之南水之北也故水北亦爲陽

陰於今切山𨸏之北北日謂之陰山之

北水之南也故水南亦爲陰

𨺅

𨺅徐醉切亦作隧隧兩𨸏之交深臽而通風水所道爲隧兩山之間曰谷兩𨸏之間曰隧詩云大風有隧天子之葬也掘地爲隧以內棺晉文公請隧於襄王是也別作⿰土遂

𨺅之龤聲

大日六三

周

𨼹 陵 隴

𨼹烏解切亦作隘兩𨸏之閒陿迫處也又於革切與阸通別作嗌𨸏之龤聲

陵力膺切高𨸏也陵有馮下之埶故馮陵之義生焉陵有坡陀下阤之埶故陵夷之義生焉詩曰深谷爲陵

隴力踵切𨸏之隆也葬者多於隴故从

冢因謂隴别作壟壠

阪　隰

阪府遠切𠂤之陂衍也别作坂

隰隰似入切原隰廣平之地也高曰原卑曰隰周官辨五地之物宜五曰原隰其動物宜嬴物其植物宜叢物其民豐肉而庳原隰之物宜同明其高下相近其地气平而多陽故其動物則宜嬴物

植物則宜叢物其民則豐肉而庳詩云畇畇原隰曾孫田之又曰阪有桼隰有㮚公竿氏曰上亐曰原下亐曰隰此說是也毛萇曰下溼曰隰㮚非生於下溼者也別作隰

阿

阿於何切小𨸏依於大山者也詩云或降亐阿言降知其𤰞引而申之凡阿阤者皆曰阿屋之三下者謂之三阿阿阤

大、六十

隅

阿尕之義生焉書稱伊尹爲阿衡亦曰尕衡（别作妿說文曰女師也讀若阿）委曲阤隨者謂之陰阿依阿（别作娿）又借爲發語辭於曷切（越人呼於黠切）

𨼬偶俱切山𨸏曲折処也又亙厍切陬隅也隅之外折生廉隅之義隅之內折生陬隅之義

陬　隈　隱　陫　陪

佐廿九

陬子侯切說具隅下

隈烏恢切岡𠂤之奥曲也古借用畏

隱於謹切山𠂤深曲隱蔽者也廋語因謂之隱别作讔佐借為惻隱之隱隱痛之隱

疾痛隱於中也又去聲馮倚也

陫筏沸切楚辭曰隱恩君兮陫側朱子曰隱也

陪步雷切小𠂤陪於大山大𠂤之旁也

附　阰

傳曰分之土田陪敦諸侯之大夫大夫之家臣因謂之陪臣說文曰重上也

附符寓切小阜附於大山大阜者也引之則凡附屬者附益者皆曰附別作坿說文曰益也孫㠯附食於祖別作祔

阰步彌切小阜之毗亏大阜者也楚辭曰朝搴阰之木蘭

陀 阤 隤

伍五十二

𨹁堂何切山𠂤坡陀也別作岮又大果切

𨹁移尒池尒二切𨺅𠂤之勢稍隤下也

說文曰小𡶒也考工記曰輪已庳則於馬兵古

登阤也康成曰阪也陸氏丈尒切非亦作陊又作陁引

之則山𠂤之小𡶒者亦爲阤阤與陀古今多錯用

𨻳杜回切𨺅𠂤頃墮隤然也易曰夫坤

隤然示人簡矣與穨通用

隓

隓辻果切隤落也又作𡐦𡐦書曰元首叢脞哉股左惰哉萬事墮哉陸氏曰許規切呂韻合之當音惰許規切非也又許規切隤毀之也春秋魯墮三都說文曰敗城𨸏曰隓𡏖聲𡐦篆文徐氏曰說文無𡏖字蓋二左也眾力左之故从二左今俗作隓非按說文隋从肉隓聲惰从心𡐦省聲

嶞从山隓聲橢从木隋聲鰖从負隋聲皆辻果切隨从辵𡐦省聲旬爲切髓从骨隓聲息委切隓有二音而辻果之音居多差之音殆與左相近辻果爲正許

大、冊七

隊　隕

佐、八十四

規乃㒷貟音說文偶闕差字徐氏曲爲之說非也

隊直類切从𨸏高墮下也又作墜別作硺礈又徒數切僣爲隊伍之隊

隕于敏切自上縣隊也易曰有隕自天春秋隕石于宋五亦作霣說文曰霣雨也𩃬古文按石可言隕壘可言隕雨不可言隕从雨非又作磒人亾歿漫因謂之隕傳曰巢隕諸樊又曰大命隕隊別作殞

險　阻　障　限

險虛儉切，高峻危絕之謂險。亦作嶮。

阻側呂切，高深障限之謂阻。易曰：夫乾悳行恆易㠯知險，夫坤悳行恆簡㠯知阻。天險而地阻也。亦作岨。

障之亮切，阻障也。別作墇、嶂。又平聲。

限戶簡切，限隔也。卑爲限，高爲障。閾謂之戶限。別作㮕。

小三十八

隔　阸　陿　阬

隔古覈切障絕也通作鬲

阸乙革切險要可控戹處也通作戹别作⿰山戹

陿戾夾切山𨸏逼迫處也别作峽今邑峽蓋吕兩山東江夏名又作⿸厂夾硤狹

阬客庚切𨸏間窊瀆水所歪也谷之小者曰阬又苦亢苦浪二切俗作坑

陘　隝　際　隗

陘戶經切說文曰山絕坎也地有井陘益陘如井狀李左車所謂車不得方軌騎不得成列者晉有陘庭楚亦有陘

隝安古切說文曰小障也一曰庳城也又作塢

際子例切山𠂤相及之交也水土之交亦曰際引之則凡交際者皆曰際

大目四十七

隗五罪切說文曰隹隗高也按山部已有崔嵬高義當从山旹

陼　隙　陋　阹

秋昔狄㠯隗爲姓又作廆

䧧當古切楚辭曰朝發枉陼揚雄反騷曰鳳皇翔亏蓬陼說文曰水中丘也按水中丘當作渚蓬陼之陼疑當作堵

隙綺戟切空罅也別作𨻶郤

陋盧候切窂陋也

阹去負切司馬相如賦曰江河爲阹揚

陴　隍　陂

雄賦曰吕网爲周阹郭璞曰因山谷遮禽獸爲阹說文曰依山谷爲牛馬圈也郭說近之

陴蒲支切春秋傳授兵登陴籒文作𩫮說文曰城上女牆陴倪也別作埤

隍乎光切城池也說文曰有水曰池無水曰隍易曰城夏亐隍

陂彼爲切澤之豬障者也書曰九澤既

防　除　阼

小六十九

陂詩云彼澤之陂又去聲險側也易曰無平不陂言之頗側者爲陂言别作詖

防符方切築土已閑水也别作坊埅記曰已此坊民

除直魚切説文曰殿坒也闢艸移地爲除逄除之義取此凡除治皆取此義又去聲

阼昨誤切堂東廉上主人之位也記曰適子冠於阼謂於主人之位也東階因

謂之陀階直謂陀爲東階者誤也

阡　陌

阡倉先切陌莫百切路南北曰阡東西曰陌　朱子曰風俗通曰南北曰阡東西曰陌又云河東以東西爲阡南北爲陌二說不同後說爲正陌之言百也遂洫从而徑涂亦从則遂間百畝洫間百夫而徑涂爲陌阡之爲言千也溝澮衡而畛道亦衡則溝間千畝澮間千夫而畛道爲阡矣阡陌之名由此而㝵蓋會意

陶

大日廿四

陶徒刀切　說文曰再成丘也　禹貢東出于陶丘

陝　阮

北在今廣濟軍南又垚都陶爲陶唐氏
又假借陶陶和樂皃也又皋陶之陶古
讀余招切
陝失冉切地名在弘農古虞虢之國爲
今陝州函谷關之外厎柱山在焉周召
所分主也
阮虞遠切說文曰代郡五阮關也詩云侵阮徂共

陑　陾　隃

朱子曰國名在今涇州

陑如之切書曰伊尹相湯伐桀升自陑孔安國曰在河曲之南

陾如之如陵二切詩云捄之陾陾毛萇曰陾陾眾也說文曰築牆聲也按二說皆傳詩生義凡疊聲多假借非其本義也又音緣漢岜河陾單作耎

六九十八

隃容朱切說文曰北陵西隃鴈門是也別作喻隃又與踰通又俞驕切

阽 阞

與遙通

阽余廉切服虔音坫如淳音門危欲墮也說文曰壁危也

阞盧則切考工記曰溝逆地阞謂之不行說文曰地理也鄭康成曰阞理也又作泐考工記曰石有旹而泐康成曰石解散也按泐即阞又曰呂其口之阞捎其藪康成曰三之一也記祭用數之仂康成曰十一也

大日冊七

⿰阝申

⿰阝申直珍切，又作陳。說文曰：宛丘，舜之後所封，从𨸏从木，申聲。𨸏古文。按書傳陳之義不一，詩云：胡逝我陳。毛萇曰：堂涂也。偕爲新陳之陳，又爲陳列張陳之義，別作敶。軍之陳削，因謂之陳，直刃切。王逸少始改爲陣。𨸏之疑。

隉

隉五結切。書云：邦之杌隉。說文曰：从毀省，危也。賈侍

中曰瀗度也班固曰不安也讀若虹蜺之蜺

⿱臾𠂤

小九十二

⿱臾𠂤衣衍切　叔重曰⿱臾𠂤啇小塊也从臾林罕曰⿱龹𠂤小塊也臾古舁字徐鉉誤以爲古蕢字

嵩

山之會意

嵩思容切　山高爲嵩今嵩山亦名太室

岱

山之龤聲

岱辻愛切　東岳也於五岳爲尊故謂之岱

崧

宗又謂之太山太岳

崧思融切山之椇盤廣大也詩云崧高維岳駿極亐天辻高未足言廣大而高斷維岳矣禮記引詩崧高佗嵩高爾雅曰山大而嵩曰崧又曰中岳謂之崧毛氏曰岳三岳也崧高皃按崧若爲高不𤁋夏言崧高岳爲三岳不𤁋三岳同降神於申甫岳許申甫同出自姜傳曰許太岳之胤也岳蓋指言太岳孫愐徐鉉合崧與嵩爲一字非也吕申甫爲稟靈於太岳則可吕爲稟靈於嵩高則不可

岷　嶓　岍

山廿九

岷彌賓切岷山綿亙千里在今威茂州之西北東距峽州江水出焉別作崏𡶒𡺳岐

嶓補和切嶓在今興元之西嶓水鎮東距興元西距興州其陽爲巴州其陰爲鳳州漢水出焉禹貢曰嶓冢道漾

岍苦堅切禹貢道岍及岐陸氏曰一名吳岳漢志曰在扶風汧縣漢呂來謂之隴綿亙慶涇

豳　峱　嶧

原渭鎮戎悳順六郡隴州其陽也

豳悲巾切山在岐山之北今爲邠州三水縣亦作邠

峱奴刀切山在亝地詩云遭我乎峱之間漢書作嶩亦作巎

嶧羊益切山在亝地其陰在今襲慶府鄒縣其陽在淮陽軍下邳縣本作繹邾文公

大日六十九

卜輿亏繹在今鄒縣魯頌曰保有鳧繹

崞

崞古博切山在鴈門

峴

峴戶顯切山在今襄陽府一說領上兮也青州有大峴山

嵊

嵊石證切在今會稽嵊縣古作剡嵊剡聲相易也

巂

巂選委切又粗沇切越巂漢郡名應劭曰故邛都

岢　岣嶁　岐

國有嶲水漢武帝開蜀益州

岢口俄切岢岚太原山名在岚州

岣共亏居矦果羽古后三切嶁龍朱郎矦隴丑郎豆三切衡山之別有岣嶁按句僂昆侖肅爽皆雙聲假借字故山有句僂龜有僂句馬有肅爽鳥亦有肅爽其義則闕

岐渠之切山峯分出者爲岐楊朱泣岐路

之分出者也岐指指之分出者也別作跂說文足多指也岐山一在今鳳翔府岐山縣天興縣禹貢所謂道岍及岐是也或作郊嶅又孤岐山在今汾州介休縣勝水出焉東北會于汾禹貢所謂治梁及岐是也

密

㠭彌必切爾雅曰山如堂者密坐地有高密高密有三石山又安定有陰密古密須國河南有密縣皆秋陰密也僭爲比密慎密盜密之

岵　屺　巘　　岫　嶼

密詳見宓下

岵戾古切詩陟彼岵兮毛氏曰山無艸木說文曰山有艸木

屺口己切詩陟彼屺兮毛氏曰山有艸木說文曰山無艸木

巘五蹇切詩云陟則在巘毛氏曰小山別於大山也別作巘或曰山如鬳甑也

岫余救切又二切爾雅曰山有穴也𥤢籒文

嶼徐与切兮地小山也在𡋯爲嶼在水爲

島嶠峯岑巒

島

島都浩切水中有山也漢書作隝

嶠渠廟切又平聲爾雅曰山銳而高也徐鉉曰古通用喬詩云及河喬岳

峯敷容切山鋒也

岑鉏箴切說文曰山小而高也孟子曰方寸之木可使高於岑樓

巒林官切圜鋒也

㟰　嵎　嵏

㟰古郎切山𠂤之脊也別作崗堈

嵎語俱切孟子曰虎負嵎莫之敢攖朱子曰山曲也虞書曰命羲仲宅嵎夷曰暘谷禹貢曰嵎夷既略在今密州魯語曰汪芒氏守封嵎之山者也說文嵎夷之嵎作堣㠯嵎爲封嵎山在吳楚閒汪芒之國

嵏子紅切相如賦曰夷嵏築堂顏師古曰山之高聚者曰嵏按嵏卽冢也九嵏山在馮翊谷口

崦 崇 峻 屹 嶷

小八十

崦衣檢切山有隱曲也又作峅

崇鉏宗切高也僭爲崇竆之崇兑竆也

峻私閏切山筲拔也別作陖峻埈嶲隆

屹屰乙切山獨大壯武皃

嶷鄂力切山凝大皃詩云克岐克嶷言后稷之幼而大也嶷屹之辡如其聲說文曰嶷九疑也按九疑正吕九峯駢大埶相疑侣昮名

峙　巋　崔　嵬

峙丈里切山植立也別作[illegible]通爲儲偫之偫書云峙乃糗糧

巋丘愧切山獨立皃

崔徂回切又上聲崔嵬高大皃別作嶵陮[illegible]又倉回切亝有崔邑因㠯爲氏

嵬吾回切高大皃又上聲磊嵬高而不平皃又作嵔隗

巍

嵬之諧聲

巍魚歸切巍巍高大之至也又去聲國名也本虞舜禹故都在古冀州雷首之地析城之西南周吕叔同姓今爲河中府觧州徐鉉曰今書省山作魏又周官大宰縣治象之法亏象魏鄭司農曰象魏闕也𠂇氏傳魯災季桓子御公立亏象魏之外命藏象魏曰舊章也不可忘杜氏曰門闕也周禮正月縣教令之法亏象魏使民觀之故謂其書爲象魏

嵳　峨　巃　崧　崝　嶸

嵳昨俄切山㨗業而曾高也別作

峨五何切山俄危而峻高也又語綺切別作峩巇又魚羈切別作嶬

巃盧東切崧鉏宮切巃崧山高皃也招隱艸木巃崧亦作巃嵸又上聲

崝鉏庚宅庚二切又作崝嶒嶸戶萌切又作嶸崢

嶸山角皃也

嶙 峋 巑 岏 崚 嶒 巉 嶔

佐四十三

嶙離珍切峋七倫切又須倫切別作嶟嶙峋說文新附曰深厓皃

巑徂丸切岏吾官切巑岏山攢竦刺空也

崚閭承切嶒耡耕切崚嶒山稜曾也

巉鉏咸切山險絕如劖刻也巉嵒多石而峻也通作漸詩云漸漸之石別作磛嶃

嶔去音切別作⿰石嶔崟魚音切別作碒嶔崟險峻

皃

崒 祖卒切危高也詩云漸漸之石維其卒

兵單作卒

崷 如猶切崷崒山長而高皃

岧 田聊切岧嶢高遠也

岌 屰及切高危欲頃之皃

嶪 屰怯切岌嶪高而戟級也

大、四十四

巀　嶭　嵽嵲　𡾊嶵　峭

巀昨結切又才葛切詩節彼南山僣用節

嶭五子切又五葛切別作𡿖巀嶭山高峻也說文曰巀嶭山在馮翊池陽

嵽徒結切嵲五結切嵽嵲山突兀危皃顧野王曰不安也孫愐曰山高也

𡾊落猥切嶵徂賄切𡾊嶵山多石皃

峭七肖切山峻拔峭絶也別作陗

崛　崎　嶇　嵁　幽

崛衢勿衢厥二切山乎地拔起壯毅皃說文曰山短高也引之爲崛彊之義別作[illegible] [illegible]

崎丘奇切別作敧陭嶇虧亏切別作⿰阝區⿰山虛崎嶇險阻詰屈也通亦作踦⿰足區

嵁丘含切山谷喊空也莊周曰賢者伏於大山嵁嵒之下又丘咸切別作嵌

幽於虯切山谷深窈也

大日四五

周

巇 岪 𡴀 嶞 崩 岚

巇虛宜切頃險也別作巇

岪夷勿切楚辭曰山曲岪說文曰山脅道也

𡴀子結切又昨結切說文曰陬隅高山之卩也

嶞迖果他果二切詩云嶞山喬嶽說文曰山之嶞嶞者又嶞山皃孫音同

崩悲朋切山隤隕也說文曰𨹟古文

岚盧含切山气烝潤也別作嵐

嵇　厂　石

嵇胡雞切徐鍇曰奚氏避難特制此字非古也

厂魚檢切嵒岀如屋者也說文广魚檢切厂呼旱切按今田野猶呂嵒厓佀屋者爲嵒厂

厂之象形

石祖亦切象嵒石在厂之下僭爲鈞石之石書曰關石和鈞漢志曰一龠容千二百黍重十二銖兩之二十三銖爲兩十六兩爲斤三十斤爲鈞三鈞爲石說文䄷百二十斤也稻一䄷爲粟二

大九二

周

十升禾黍一秭爲稾十六升太半升

磊

石之會意

磊落猥切多石磊隗也別作礨又作磥礧隊𡾋

說文隊磊也又魯水切

石之龤聲

碣

碣渠列切桀亦石也書曰夾又碣石在河北平釃縣西南

磧　磯　磐　磴　矼

磧七迹切又資昔切說文水渚有石者水中沙石之積也

磯居衣切水中石激浪者也

磐蒲干切磐石也別作伴

磴都鄧切石可登者也又号聲又作嶝澄說文隥仰也

矼古雙切石杠也聚石水中已爲步又度彴因謂之矼

苦江切慤實也莊周曰悳厚信矼

砠　礫　磣　礉

砠七余切詩云陟彼砠矣爾雅曰上山戴石爲砠說文作岨曰石山戴土爲岨按砠从石特石山㠯詩云彼徂矣峧有夷之行後漢書作彼岨者峧又作碹

礫郎毄切碎石也

磣楚錦切襍沙也

礉口交切多石礉磽也傳曰晉師在敖鄗之閒礉單作敖磽僭用鄗說文嶅从山又

磽 确 硞

牛刀切

磽口交切礉磽多石險阻也磽磕多石地不孚也磽确多石地剛瘠也别作墽說文磽也又作硣墝塙

确苦角切别作埆壆礐硞又古學切漢書曰數與虜确

硞芈訖苦忽二切多石不夷也故謂勤苦者亦曰硞硞漢書曰勞筋苦骨皃曰

確 砢 硉 硜

小四十三

硞硞

確克角切堅實也別作碻磬

砢來可切巨石突兀磊砢也別作礭

硉勒漫切硉兀不㔾也崋硉高而不㔾也別作峍

硜口莖切小石堅介扣其聲硜硜然孔子曰硜硜然小人哉說文作硻

砰　磅　硠　硄　磕　碌

砰披耕切石相擊聲也相如賦曰砰磅訇磕揚雄賦曰砰轒轀別作磞硑磞⿰石彭

磅鋪郎切石聲

硠魯當切相如賦礧石相擊硠硠磕磕

硄丘岡切硠硄硄磕石聲皃

磕苦盍切石相擊也又口蓋切

大、四一

碌盧谷切小石碌碌也又作琭通作錄又碌碡

碮　礧　砉

田器用㠯摩亐也通作鹿轆陸䙫㛬又作磟䃙

碮古本切石从上輥下也周禮曰高聲碮故書作硍鄭大夫讀爲袞冕之袞康成曰高則聲上藏袞然旋如裹也

又胡本切

礧盧對切石轉隊也又作𤳳礧說文𤳳推也又作櫑又

上聲

砉霍虢切石爆削也莊周曰庖丁解牛

硈　矸　硬　碭　碝

砉然嚮然又呼鶪馨激二切又作砉

硈丘八切爾雅曰硈固也

矸居案切甯戚歌曰南山矸又上聲碾繒也別作衦

硬魚孟切石堅確也

碭徒浪切說文曰文石也

碝而沇切石次玉者別作瑌礝瓀相如賦曰

大、十

碈　礖

碝石武夫史記作瑌張揖曰碝石白者如水半有赤色武夫別作碔砆又作珷玞張揖曰武夫赤質白采囱蘢白黑不分漢書音義曰武夫出長沙

碈武巾切石佀玉者也周禮諸侯之冕碈玉三采記曰君子貴玉而賤碈又曰士佩碝碈別作玟琘碣按碈與玉悳異而形佀易亂碈碝武夫當从石而不當从玉

礖羊茹切石之性熱者

礬　砒　礞　碏　砮　磾

礬附袁切。藥石也。有青、白、礜、黃、絳五物。

砒篇迷切。毒石也。又作磇。

礞尼交切。石味鹹而性熱，別作硇。一名北庭石。

碏七約切。類篇曰：石襍色。

砮乃都切。石可爲鏃者。書荊州之貢厲砥砮丹。魯語曰：肅慎氏貢石砮。

磾都黎切。類篇曰：礜石可染繒，出郎邪。

磨 磑 礲 研

四十

磨莫波切石摩物也語曰磨而不磷
古通作靡亦作䃺又去聲磑也
磑五對切合兩石琢其中爲齒相切呂
磨物曰磑又負衣切
礲盧東切粗曰礲細曰磨
研五堅切呂椎摩物也別作揅硯硯碅說文曰揅摩也
令人呂研墨之石爲研去聲又上聲別

磋

磷

砥

作⿸厂麗

⿸厂差倉何切㠯粗石摩治玉石也又去聲

⿸厂粦力刃切石相歷毀磷也語曰磨而不磷考工記曰輪雖敝不磷於鑿亦作甐通作⿱粦粦轔又去聲石磋比如鱗也

厎職雉切又去聲密石也粗者為厲精者為砥砥所㠯磨瑩也詩云周道如砥

碓　礎　磉　碑

亦通作厎漢書曰爵祿者天下之厎石

所吕厲去摩鈍也

碓都隊切石杵也

礎創舉切柱下石質也

磉寫朗切礎也

碑班麋切大石也古者宮廟之中有碑

馬所吕繫牲亦吕識日景墓上有之則

磹　硾　磌　矺

㠯椸鹿盧下棺因刻其碑㠯銘識故後世凡刻字之石皆曰碑

磹　徒念切石楔也

硾　直類切縣石也呂氏春秋曰拯溺而硾之㠯石別作磓

磌　丁定切硾舟石也別作碇矴

矺　陟革切孫愐曰硾也

砑　碏　砲　硎

砑 魚駕切碾物使平滑也古通作牙義與車牙通

碏 迮感切再沓也又入聲

砲 攴教切桀石㠯投也令軍中㠯桔槹反石㠯擊謂之砲別作礮⿰石弱又弼角切

硎 戶經切厎石也別作硎⿰石形莊周曰刃若新發於硎

砩　砭　　　碡　砌

砩放吠切石堤也

砭陂驗切又平聲㠯石爲箴㠯刺病也王僧儒曰東山經云高氏之山多箴石春秋傳曰美疢不如惡石顏師古曰砭也季世不能用石乃㠯鐵箴

碡徒沃切碌碡田器也又直六切又作⿰石蜀⿰石賣

砌七計切甃石也

磻　硩　破　碎　礙

五十二

磻 蒲和切又逋和切說文曰以石箸雉繳也一曰石可爲繳 又蒲官切別作碆

硩 敕削切周官硩蔟氏掌覆夭鳥之巢鄭司農讀若擿說文曰上擿山嵒空青珊瑚墮之一曰石中矢

破 普過切石毀削也

碎 蘇對切破之細也別作[illegible]

礙 五槩切石距窒也亦作硋閡別作輆

厂之會意

厃魚爲切人在厂上厃之義也又作⿱厃屾又䲭之㠯聲爲危說文厃仰也从人在厂上一曰屋梠也秦謂之桷亝謂之厃孫氏魚毀切危在高而懼也从厃自卪止之按厃即危也从人在厂上或在山上其義一也䲭之㠯已爲聲猶朢之夏䲭㠯生也危妃肥配皆㠯己爲聲巹禮升屋履危指屋之危非謂梠也三危山俗又作峗加山非

厂之䲭聲

厓　　厈　　厱

厓魚羈切厂之造水者也又五皆切亦加水作涯别作崖漄說文厓山邊也从厂圭聲崖从屵圭聲高邊也

厈五旰切水旁高地也說文屵岸高也从山厂厂亦聲孫氏五葛切岸水厓而高者从屵干聲按厈从厂干聲厈非山也後人妄加山尔說文㠯厈爲籀文厂益傳譌也

厱力兼切石有稜隅也别作磏引之則凡有稜隅者皆取義焉賈誼曰陛九級上廉遠

厎

地則堂高脛骨外隅亦謂之廉別作臁人之操行方正有稜隅者亦謂之廉書曰簡而廉孟子曰頑夫廉管子曰禮義廉恥廉者恥於貪冒而不爲故俗習專㠯不貪爲廉不貪特廉之一隅非廉也又借爲廉問廉察之廉別作覝說文曰察眡也

厎之履切厓石之所竆也說文曰柔石也或作砥从石

小四二

故引之爲厎至之義又因而爲厎著之義昔秋傳曰処而不厎晉語曰厎著滯淫别作坻說文坻著也又都禮切說文曰下也按厎底不當分二字

厲

厲洛蓋切又力制切石之廉悍者也别作⿰山萬⿰山蠆㠑引之爲危厲之厲爲嚴厲之厲爲厲聲厲色之厲厲疾危惡疾也周禮曰三旹皆有厲疾别作癘⿰犭⿰萬刂⿰月⿰萬刂疾之惡者莫甚於大風故

大風爲厲疾別作癩惡鬼爲厲鬼別作禲禱惡气爲厲气別作沴石之粗悍者可以錯磨故又爲厲厎段厲別作礪因磨厲之義又爲勉厲激厲之義別作勵又水流石上亦爲厲漢有下厲將軍是也別作瀨履石而涉者因謂之厲詩云深則厲漢書云厲度是也毛氏曰以衣涉水爲厲謂由帶以上也韓氏曰至心爲厲別作砅濿說文砅履石度水也

厜　㕒　厰　厖　厭

厜姊宜切㕒魚羈切厜㕒高而峭削皃說文曰山顛也

厰魚音切說文曰崟也又魚杴苦感五敢虛監三切一說山厓狀

厖莫江切石厂隆大也

厭於甲切厓石隤厇也記曰下毋厭髀上毋厭脅又曰死而不弔者三畏厭溺漢書

曰厭三百餘家別作壓又於輒切覆當厭伏也禮有厭冠漢書云厭當之有妖祥者厭禳之亦曰厭俗作⿰礻厭⿰礻奄又僭爲厭浥之厭詩云厭浥行露厭浥雙聲濡濆皃也又於琰切覆也與奄掩通夢寐乞午不通者亦謂之厭別作魘又於㪉切掩之虛也與弇通又烏減切無精光皃中庸曰見君子而后厭然

掩其不善

厔陟栗切說文曰礙止也

厥俱越切說文曰發石也有所指發語辭僭用此書曰厥民析厥民因與其同義

厤郎擊切莊周曰厤物之意說文曰治也

厏側下切厭也又側格切通作笮俗作醡[illegible]醡

厗孫氏杜兮切漢澳陽有厗奚縣孟康曰音題或

作蹏說文曰唐厗石也

厂之疑

屵說文曰厈上見也从厂从之省讀若躍

屵

田

畺

田地因迭秊二切辟地爲畎畒吕蓺五穀也

說文曰中十象阡陌

田之指事

畺居良切兩田相比爲之畺界也詩云畺

画　甸

場有瓜亦作畕俗作疆

画胡[illegible]切三絕画田界也今作畫非畫胡卦切見聿部田之會意

甸堂練切古者王國三郊之外規方五百里王藉與公田在焉謂之邦甸从田从勹周冂之引而申之凡田甸土者皆曰甸書曰奄甸萬姓俊民甸三方詩曰信彼南山

畋

惟禹甸之又周官三井爲邑三邑爲丘三丘爲甸康成讀爲乘非

畋徒年堂練二切力田之謂畋書曰畋尒田亦作佃亦爲田獵之畋書云㥛亏游畋畋亏有洛之表田獵之畋古亦通用田蓋獵吕去獸之害稼者別作𢿱狃

田之龤聲

畮　畿

畮母久切古者兩畎之閒廣一步長百步謂之畮畮之首有遂又作畝从十久聲十指畎遂也令㠯二百三十步爲畝

畿渠希切古者王國千里曰王畿自是㠯往每五百里爲一畿通天下爲九畿故因之約方千里爲一畿周禮𡉚人掌設王之社壝爲畿𡉚而樹之通作圻傳曰天子一

畛　略

圻削國一同別作畿

畛柯開切楚語曰百姓千品萬官億醜兆民經入畛數天子之田九畛以食兆民王取經入焉以食萬官韋昭曰九州之内有畛數兆民耕食其中也侗謂百千兆億畛皆數也畛之數今亾矣九州之說億

略力灼切畫理經画之大曰略書曰嵎夷既略孔氏曰用功少曰略曰以遏亂略孔氏曰路也傳曰

天子經略諸侯正封封略之內何非君土杜氏曰經營天下略有三海曰吾收略地焉杜氏曰緉攝巡行之名曰王予之武公之略曰賂秦伯呂河外削城五東盡虢略杜氏皆曰界也曰今侯不務悳而勤遠略無注曰略至止杜氏曰行也曰晉侯略狄土杜氏曰取也曰兄弟甥舅侵敗王略杜氏曰經略法曰匠慶請木季孫曰略杜氏曰取不呂道曰略度

曰呂訟亂略無注曰師速而疾略也曰莒吴略東陽曰楚子爲舟師吕略吴疆杜氏皆曰行也曰分康叔封畛土略杜氏曰界也曰吾子欲复文武之略杜氏曰道也詩云有略其耜毛氏曰利也

按略攺土而經畫疆理之也天子制天下制畿分域經略九州各爲之封畛諸侯受地於天子則各正其封而已歸略武公之

略虞叔之略皆王室所制也嵎夷之略魯隱公之略地晉侯之略狄土莒吳之略東陽皆謂初有其地經画其土田也遠略猶言遠規也楚蔿艾之略至止則經度其城築之至也引而申之則法度之所經画者皆曰略所謂王略文武之略是也亂略則敗度者也後世所謂籌略策略皆由此而

生也又引之則輕行鈔略亦謂之略所謂
師速而殯略也楚子之略吴畺季文子之
所謂略皆是也有略其耜則言其耜之輕
捷也畺畎𤰞溝盡其細略䟽其凡故孟子
曰軻也請無問其詳願聞其略曰此其大
略也略一字也而毛孔杜緣經生訓凡十
餘變六書不講非特此一字而已也予故

界畔畬

葡論之

界古拜切兩田之閒爲界

畔薄半切田旁也傳曰如農之有畔偺爲北畔之畔與叛通

畬㠯諸旹遮二切凡地翦薙爲菑墾種爲畬易曰不菑畬詩曰如何新畬爾雅曰一歲曰菑二歲曰新三歲曰畬不必然今俗猶㠯山地之墾種者爲畬劉禹錫詩曰長刀短笠去

墝畬別作野俗亦作斜

町　畽

町待頂他頂二切田有區也春秋傳曰町原防井衍沃杜氏曰隄防閒地不旻正方井画別爲小頃町也區種法曰一畝之中地長十八丈方爲十五町町閒分十三道通人行詩云町畽鹿場毛氏曰町畽鹿迹也陸氏曰町他典切或他頂切別作頂伯氏曰僭二字之聲呂狀鹿場也

大九十五

畽他董切又他短杜短三切陸氏曰本又作疃又作壇

按甌俗猶言町畽周區爲町接町爲畽

畦

畦戶圭切場圃中爲小隴㠯樹埶若畮者說文曰五十畞爲畦別作𤳉

畹

畹於阮切楚辭曰滋蘭之九畹說文曰三十畞爲畹王逸曰十二畞或曰二十畞別作𤰷又於萬切

畸

畸居宜切殘田也

畛

畛之忍切又平聲井閒道也容車周禮曰

畷　甽　當

十夫有溝溝上有畛周頌曰徂隰徂畛傳曰埒畛土略別作[illegible][illegible]

畷朱衛切記曰饗農及郵表畷說文曰兩陌閒道也康成曰謂田畯所以督約百姓於井閒之處也引詩云爲下國畷郵

甽子浚切又松倫切類篇山下受霤处按今作圳田閒溝畎也

當都郎切田相直也引之則凡相當者皆曰當旻其當曰當去聲箭管之底因亦曰

毗 畇 畱

小八十七

當

毗平脂切田相比也

畇羊倫切原田一徃平均也詩曰畇畇原

陘毛氏曰墾辟皃亦作畇

畱力求切說文曰畱止也又𤳘同聲燒種也漢律曰𤳘田茠艸疑即一字

今爲畱止之義又力救切因循亭駐謂之

宿畱也

畤　甿　畯

畤諸市切秦有五畤葢爲壇㠯祀五帝也

甿莫庚切耕夫也周官六遂之民謂之甿謂其皆農也別作氓亦通作萌

畯子峻切詩云饁彼南畝田畯至喜毛萇曰田大夫也周禮曰龡豳雅擊土鼓㠯樂田畯鄭司農曰古之先教田者也爾雅曰畯農夫也佀謂樂田畯者不獨樂田官而舍農民㠯詩觀之則鄭氏之說非㠯周禮觀之則田大夫之說未然爾雅爲近之

大日十五

王

𤱨　黄　黊

小日七

𤱨耳由切說文曰和田也鄭語曰依𤱨歷華君之土也韋昭曰邑名

田之疑

黄戶光切地之正色也說文曰地之色也从田从炗炗古文光炗亦聲古文作𤾅

黄之諧聲

黊他口切黄色也顔野王曰黄色也顔師古曰黊黄色也黊

黅　黊　⿰𦎫黃

纊吕黃綿爲丸吕組縣於冕𠂢兩耳旁徐鉉曰充耳也从纊省主聲按从纊而省爲黃六書無此比頯顧之說近之或作⿰黃斗

黅巨吟切顧野王曰黅黃色也素問言天有五气黅天之气經于心尾按素問蓋亦爲黃色

黊胡圭胡卦二切說文曰鮮明黃色

⿰𦎫黃他昆他官二切說文作黗黃黑色也檀弓有繻子⿰𦎫黃

䵳　畟　畜

䵳呼罪切說文曰青黃色也

畟初力切詩云畟畟良耜毛氏曰猶測測也說文曰治稼畟畟進也从田从人从攵鄭氏云嚴利也鄭敷仲曰从攵从畀省

畜丑六切於經傳爲畜積畜止之義說文曰田畜也引淮南子曰玄田爲畜又作蓄魯郊禮畜从田从兹兹益也按畜之本義未可曉別作蓄稸滀慉又許六切爲鞠蓄之義又許救切牲之豢養者曰畜也

𤰝

𤰝直由切亦作疇从田說文曰耕治之田也从田象耕屈之形顧野王曰𢆶畔田也按顧說爲是象𢆶畔之形俗作疇引而申之則爲𤰝匹𤰝類俗作儔又借爲誰何之義書云疇咨若予采疇若予上下艸木鳥獸又作𠷎說文曰詞也从白引書𠷎咨

井

丼卽頃切古者方里而井井九百畒八家分耕八百畒其中爲公田井画之呂象九分之

形•其中象井也或曰井丼二字井本象井田之画丼井聲而•其中㠯象井叔重曰井象冓韓形•象罋舩非也韓冓从横如井因謂井韓尒

井之龤聲

刱　冂

刱初亮切說文曰造法刱業也通作創

冂冋古熒切爾雅曰邑外謂之郊郊外謂之牧牧外謂之埜埜外謂之林林外謂之冂說文曰象遠界古文从口象國邑別作坰

市　宂　央

冂之疑

市旹止切於經傳爲交易之會曰日中爲市致天下之民聚天下之貨交易而退說文曰賣買所之也市有垣从冂从了了古文及象物相及也之省聲

宂余箴切說文曰淫淫行皃从人出冂一曰宂豫未定又夷周切

央於良切詩云宛在水中央又曰夜未央

央中半也詩云白旆央央說文曰中央也从大在冂之内

大七七

周

七十一

大人也央旁同

意一曰久也

六書故弟五

孫夆謹校